Saskia Thieme

FRAKTUREN

BRÜCHE | GERÜCHE | WIDERSPRÜCHE

Gedichte

© 2017 Saskia Thieme, Leipzig.
FRAKTUREN. *BRÜCHE* | *GERÜCHE* | *WIDERSPRÜCHE*.
Gedichte aus den Jahren 2013–2017 in neun Zyklen.
Dezember 2017. Gestaltung, Text und Satz: Saskia
Thieme. Selfpublishing über BoD. Alle Rechte
vorbehalten.

Herstellung und Verlag:
BoD - Books on Demand, Norderstedt

FRAKTUREN

BRÜCHE | GERÜCHE | WIDERSPRÜCHE

PROLOG

MEIN SCHWARZES KLEID

(2016)

Mein schwarzes Kleid
Hab ich seit zehn Jahren
Nicht mehr ausgezogen;
Ausgeflogen war ich
Aus der Kindheit.

Und nun hat es abgefärbt
Und fragt mich, warum
Ich kaum noch Farben sehe.

Elegant bin ich
Nicht geworden.
Die Maschen in den Strümpfen
Bezeugen es.
Und die kaputten Schuhe…

Und die Taschen,
Die ich schleppe. Schwer
Sind sie inzwischen.
Ich frage mich, ob sie
Jemand tragen kann.

GEZEITEN

(2015–2017)

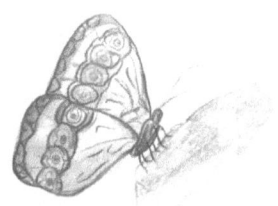

VERSCHWENDUNGSLUST

Ich setz die Maske auf, setz mich auf einen Schmetterling,
Pflück Rosen, nehm auch Sonnenblumen mit.
Mal Worte und schreib Farben und dann sing
Ich, woran ich starb, woran ich litt.

Mein schwarzes Kleid ist Lüge und doch wahr;
Die Trauer tief, aber mein Lächeln voller Kraft,
Denn ich verlor die Angst und ich gebar
Die Lust am Leben in meiner Leidenschaft.

Der Tanz auf dem Vulkan ist morgenrot
Und purpur wird auch bald Lavendel,
Ich höre nicht aufs Tanzverbot.
Meine Sehnsucht hängt fest am Pendel.

Ich nahm die schwindende Zeit
Und verschwendete sie ohne Bitterkeit.

JAHRESUHR DES VERGESSENS

(2017)

Du weißt nicht mehr, im November,
Wie bunt der Ostergarten blüht,
Wie glücklich dich die ersten Sonnenstrahlen
Machten, als in dir noch alles gefroren war;
Wie zart Gemüter schmelzen können.

Du weißt nicht mehr, im Dezember,
Wie süß die Erdbeeren schmeckten
Und wie klebrig sie sich mit der
Waldbodenerde an deinen Fingern
Vereinten; alle Sorgen verneinten.

Du weißt nicht mehr, im Januar,
Wie wohlig warm Sommerregen tanzt;
Wie er vom Asphalt emporsteigt
Und den Druck aus der Luft einfach wegzaubert.

Du weißt nicht mehr, im Februar,
Wie es sich anfühlt, wenn Melonensaft
Auf deinem nackten Körper perlt
Und sich ein Rinnsal bildet durch den Duft
Von Seewasser und Sonnenmilch.

Du weißt nicht mehr, im März,
Wie müde du nach hitzigen Tagen
Ins Bett fällst und dich Ängste jagen,
Dass dieses heiße Leben
Schon bald wieder vorbeigeht.

Du weißt nicht mehr, im April,
Wie reifes Obst dich ganz betrunken macht,
Wie traurig diese letzte Sonne lacht,
Wie Wein und Ernte dich vergessen lassen:
Die nächsten Monate wirst du hassen.

Du weißt nicht mehr, im Mai,
Wie Grün sein Grün verliert,
Wie es sich anfühlt durch nasses Laub zu laufen,
Wie der Regenschirm im Sturme
Gänzlich rebelliert.

Du weißt nicht mehr, im Juni,
Wie grau und ohne Licht
Der immer kürzere Tag
Dein Gemüt zerbricht und wie die
Feuchte Kälte durch alle Sachen kriecht.

Du weißt nicht mehr, im Juli,
Wie zwischen Orangen und Zimt
Ein Räucherstäbchen glimmt und
Wie viel Einsamkeit
Du brauchst in Dunkelheit.

Du weißt nicht mehr, im August,
Wie sich Sehnsucht in dir ausbreitet;
Wie deine Hoffnung leidet und wie es
Sich anfühlt, wenn du frierst und
Nur noch vegetierst.

Du weißt nicht mehr, im September,
Wie lang ein Winter dauert,
Der jetzt schon gierig lauert und
Wie trostlos Schneemänner grinsen,
Während in dir alles vereist.

Du weißt nicht mehr im Oktober
Wie schön das damals war: der erste
Märzenbecher, ein Krokus vielleicht gar.
Ach, wie schnell ist doch vergessen:
Ein ganzes gefühltes Jahr.

DEINE KINDER

(2016)
für Sven

Du hast Tomatensuppe gekocht,
Aus echten Tomaten.
Und wir waren skeptisch,
Haben dir dann aber vertraut.

Vertraut haben wir dir immer,
Auch wenn uns manches
Manchmal nicht einleuchtete.

Und wir waren Kinder,
Für die du unkaputtbar warst:
Ein starker Rücken
Der alles irgendwie abschirmte,
Was uns hätte wehtun können.

Und dann plötzlich
Hast du keine Tomatensuppe mehr gekocht.

Und die Welt
Hat Risse bekommen.
Weil ein starker, wichtiger Teil
Einfach herausbrach –
Wie eine tragende Säule
Aus der Akropolis.

Wir mussten erwachsen werden.
Viel zu schnell.
Aber wir sind stark
Und halten gemeinsam
Die Lücke zusammen,
Die keiner schließen kann.
This is not the time to wonder…

Manchmal ist das sehr schwer.
Aber wir wissen:
Durch die Lücke scheint
Dein weises Lächeln.

Und du schaust uns dabei zu,
Mit viel Vertrauen,
Wie wir unsere Wege weitergehen.
Nie bist du ganz weg,
Und du passt auf uns auf.

Weil wir eben doch noch
Irgendwie Kinder sind.
In deinen wachen Augen.
Nothing else matters.

GETREIDESPEICHER

(2016)

Die alte Eisentür stand offen,
Als wir um den alten Speicher schlichen
In kalter Neujahrssonne.

Die alte Eisentür stand offen.
Und so stapften wir hinein
In dieses Stück Vergangenheit.

Verschimmeltes Papier
Zeigt alte Rechnungen,
Bei denen keiner weiß,
Ob sie beglichen sind.

Die alte Eisentür stand offen.
Und schlug hinter uns zu,
Als wir den Himmel wieder sahen.

Nach Krach kommt still.
Neben Dunkel tauchen
Helle Reflexionen auf
Und blenden mein nüchternes Herz.

Die alte Eisentür bleibt offen.
In meiner Nase klebt
Getreidestaub.

Den ich einfach hinausniese.
Und mich um alte Rechnungen
Heute nicht mehr kümmere.

ZWEI KONTINENTE SPÄTER

(2015)
für Lasse

Ich denke oft an deinen Schmerz,
Von dem ich nichts weiß.
Und verurteile blind
Deine Mittel,
Ihn zu betäuben.

Ich habe dir Vorwürfe gemacht:
Für dein Schweigen
Für dein Verdrängen
Und dafür, dass du mir
Nicht mehr vertrautest.

Dabei hattest du allen Grund:
Zu schweigen,
Weil ich dich verurteilt hätte.
Zu verdrängen,
Weil du überleben wolltest.
Mir nicht zu vertrauen,
Weil ich dich betrogen hatte.

Und jetzt weiß ich noch weniger
Über deinen Schmerz
Und nichts mehr über dich.

Weil ich schweige
Und verdränge
Und uns beiden
Nicht mehr vertraue.

WESHALB ICH DAMALS GING

(2015)
für Lasse

Ich habe dich geliebt:
So lange und so heftig,
Und war bereit, viele Schlachten
Gegen mich selbst zu führen.

Du hast mich geliebt:
Anfangs zart, später verzweifelt,
Und bis dahin hast du
So viele Wunden hinterlassen.

Wir haben uns geliebt:
Doch auf dem Weg
Sind wir tausendmal zerbrochen
Und haben uns dann wieder
Irgendwie zusammengekehrt.

Als die anderen das Gefühl hatten:
Die beiden lieben sich sehr,
Platzten meine Wunden auf
Und hinterließen langsam Narben.

Vergeblich habe ich
Nach Leidenschaft gesucht
In unserem verbrüderten Nest,
Unserem bürgerlichen Alltag.

Dann bin ich einfach
Weggelaufen.
Und du hast mich geliebt,
Und nicht gewusst,
Warum ich flüchte.

Ich habe dich geliebt,
Doch ich war nicht fähig,
Dieses Leben
Schon gelebt zu haben.

Ich musste anderswo
Andere anders lieben
Und tausendmal zerbrechen.
Um zu spüren,
Wie man lieben kann,
Ohne gegen sich selbst zu kämpfen.

ENERGIEERHALTUNGSSATZ (DER LIEBE)

(2017)
für Lasse

Einst:
Hielt ich deine Hände, die
Wir uns niemals
Gaben und nun fallen
All die Jahre weiter von uns
Ab.

Doch:
Bleiben sie erhalten, die vielen
Schönen Stunden, wir haben uns
Neu erfunden. Auf ungleichen
Wegen.

Was:
Weilt, ist nun
Die Liebe, die wir mit
Freundschaft pflegen und all
Die süße Freude. Für des andern
Glück.

Jetzt:
Wenn du deine Frau küsst und dein
Baby dich berührt, dann sei dir immer
Sicher, dass auch mich das lächeln
Macht.

Denn:
Energie geht nicht verloren, sie
Wird nur umgewandelt. Liebe
Auch.

STRICKLEITER

(2017)

Gegriffen,
Immer wieder,
Nach oben,
Ohne zu sehen,
Wonach.

Manchmal eine
Helfende Hand,
Um weiter aufzusteigen,
Manchmal ein
Tritt von oben,
Auf Kopf und Herz.

Inzwischen so weit,
Dass ich sehe, was
Da ist.
Müde jetzt,
Weil ich glaube, dass ich
Da nicht hin möchte.

Denn spätestens dort,
Wo der Strick endet,
Legt er sich
Um meinen Hals.

GENTRIFIDINGSBUMS

(2017)

Aus dem Staub, den sie hinterließen, beim
Abreißen der alten Fabrikhallen,
Wachsen jetzt Krater und Kräne.
Sie spielen Phönix und die Asche ist
Geschichte, keine Gedichte von Ruinen mehr.
Kein Zentimeter länger leer.

Intelligentes Bauen verbindet Menschen,
Sagen sie und zerren die Bindung der
Zeit auseinander.
Der Sturm wirft den Bauzaun
Manchmal um, die
Pläne bleiben stehen.

Gentrifidingsbums und ich gehen
Die Zschochi entlang.

GERAHMTE MELANCHOLIE

(2017)

Sieh ihn dir genau an,
Den nackten Mann im Türrahmen:
Wie wunderschön sein Lächeln,
Wie rosig seine Haut,
Die du die ganze Nacht berührt,
Die Lippen so vertraut,
Die tiefen Augen, die dich
Hierher brachten, dich baten – noch zu übernachten...

Sieh ihn dir genau an,
Verweile im Flur, ganz kurz nur,
Atme: Ein letztes mal seine Liebe,
Tief. Seinen Kuss
Nochmals schmecken: Saug
Ihn in dich mit Genuss, so sehr, weil es kommen
Muss, der Gedanke, dass
Der Traum bereits endet, bevor
Du aufwachst...

Dreh dich nochmals um,
Bevor du gehst, und wenn du
Zögernd vor ihm stehst:
Dein Zwinkern fotografiert
Dieses Bild, wild noch sein
Haar, sein Blick gefriert…

Dann verschwinde...
Und begrab so schnell du kannst
Deine Hoffnungen, zerstör die Utopie...

Aber niemals vergiss den Moment
Und seine Schönheit.
Als der nackte Mann im Türrahmen stand und dich
Für immer verabschiedete….

GEDANKENINSTA

(2017)

augen zusammengekniffen, zwischen ohren
die pianos aufgesaugt und ein bild gemacht.
klick klick klick.
anvisiert, den moment asphaltiert,
in stein gemeißelt – konzentration gegeißelt.
klick klick klick.

die weiße jugendstilvilla
und die schönheit des rosa grauen himmels,
gebrochen von maigrün.
klick klick klick.
der abend endet
noch lange nicht,
hinter uns mein gestern. und das portraitlächeln.
klick klick klick

ich fotografiere. mit meinen gedanken,
präge mir alles ein. auf
gedächtniszelluloid.
klick klick

abgespeichert und mit assoziationen
gehashtakt, impressionen in
erinnerung versteckt.
klick klick
den augenblick mit anderen
geteilt, physisch, noch am titel
gefeilt und am filter aus gefühlen.
klick

zeit ist photoshop, morgen der modus,
der das bild verfärbt und step by step bleicht.
in zehn jahren dann: das bild gefunden
an heut gedacht. und zart gelacht.

DU HAST GESAGT

(2016)
für R.

Du hast gesagt,
Ich habe dich verzaubert,
Als wir am Strand
Unsere Füße in den nassen Sand bohrten.

Du hast gesagt,
Es war ein Glück mich zu treffen,
Als wir auf deinem Dach die Sterne zählten.

Du hast gesagt,
Du liebst meinen Körperduft neben dir,
Als wir des Nachts
Schon fast eingeschlafen waren.

Doch du hast auch gesagt,
Dass wir keine Zukunft haben.
Als ich dir ins Ohr flüsterte,
Dass ich dich liebe.

Und dann hast du gesagt,
Dass du mich vermisst,
Als wir viele Kilometer voneinander getrennt
Wieder unsere Stimmen hörten.

Was du gesagt hast,
Ist lange her.
Und es tut nicht mehr weh.

Ich sage dir heute,
Dass ich dich lieb behalte.
Auch noch morgen.
Ohne Zauber, ohne Tränen.
Nur mit einem warmen Lächeln.

FRÜHBLÜHER

(2015)
für Chrissi

Jahr für Jahr
Überwintern die Zwiebeln der Frühblüher.
Denn sie speichern
All ihre Erinnerungen.
Und zehren davon, um sich
Wieder und wieder
In voller Pracht zu entfalten.

Erwartet vom hungrigen Gemüt
Verliebter Melancholiker,
Die in schwarz getaucht
Nach Farbe dürsten.

Und wir sitzen am Küchentisch,
Umhüllt von Rauch und Raum,
Und reden pathetisch über Pathos,
Und trinken Bier,
Philosophieren über Liebe.

Und wir gleiten entlang,
Zwischen verklungenen Tagen
Und Zukunftsvisionen.
Und warten auf den Frühling.

Denn auch wenn die Welt
Davon nichts hören will:
Pathos ist schön
Und Liebe bunt.

Frühblüher wissen das.

EINGEPRÄGT

(2016)

stolz und breit
strömt wasser hier entlang,
umgeben von bergen,
aus denen
schlösser und kirchen
wachsen.

und wir stehen im tal
und haben brücken aus bier gebaut.
es fließt
und dreht sich durch unsere köpfe;
zwischen schlechter musik und
menschen, die uns längst
gestempelt haben.

ich präge mir uns ein...
ein schönes siegel
auf meiner erinnerung.

GARTEN EDEN

(2017)
für Nadja

der regen rinnt durch sonnen-
strahlen, der teich sprudelt.
aus der laube strömt
der duft von kaffee und
aus dem radio blues,
in unser jeansjackenzelt.
neunzehnhundertachtundneunzig.

die wassermelone wartet
unterm vordach. bis der
schauer um ist. und er geht
vorüber, zieht
nach osten ab.

kohle glüht und papas
stehen am grill mit den
gleichen kinderaugen, wie
den unseren. wir liegen
in hängematten, im schatten
der debatten und träumen
noch naiv von der welt.
mamas lachen. wir kichern
über mädchengeschichten.

wenn utopie heimat und heimat kindheit ist,
so finden wir sie in gedanken an diesen ort. doch
als der garten verblühte, ging nicht die geborgenheit.

wenn ich jetzt nach wärme suche, kann ich sie nirgends
finden. jenseits der erinnerung.
aber in einsamen stunden weiß ich:
deine hand hab ich niemals ganz losgelassen.
ich halte sie fester denn je.

FLIEDERDUFT

(2015)

Ich kehrte erstmals wieder
Als der Flieder blühte.
Und es hier nach frischen Rasen roch.
Und die Sonne meine Tränen trocknen konnte,
Noch bevor sie meine Augen erreichten.

Im Himmel flog der große Vogel
Zurück in das,
Was ich irgendwie Heimat nenne.
Und ich sah ihm nach,
Ohne mit ihm ziehen zu wollen.

Unter mir
Spüre ich wieder Erde,
Auf der ich verweilen kann.

Und der Flieder packt
Mit seinem süßen Duft
Meinen Koffer aus.

MAIFINSTERNIS

(2017)

Wie zart hat einst der Mai
Dich still geöffnet
Und überall deinen Duft
Verstreut!

Wie sanft hat dich die
Höher stehende Sonne
Liebkost und deine Haut
Mit Sommersprossen
Befleckt!

Wie süß hat dich auch
Der blaue Himmel
Im grünen Dickicht
Zugedeckt!

Doch wie kalt
Hat der November dir
Ins Gesicht geschlagen,
Mit düsteren Fragen…

Und wie sehr hast du
Alle Berührung plötzlich
So ungestüm
Bereut!

VERLOREN GEGANGEN

(2017)
für N.B.

vier stockwerke nach
unten, zwei ein-
gänge weiter. eins nach
oben. fast jeden tag.
jahrelang.

in der küche, auf der
eckbank, zwischen weich-
spüler- und zigarettendunst;
die stillen kaffeetassen.
wir, gerade sechzehn.

ich lausche dir und du
redest über tränen
der letzten nacht.
und denen davor.

in deinem zimmer, neben
der spur und den sonnen-
blumenkerzen, vor
der orangen wand.

draußen, klang von
tischtennis-
bällen im hall von
nachwendewohnblocks.

erzählst mir mädchen-
geheimnisse und wir
lachen über
die geschichten
unserer gegenwart.

deine mutter öffnet rot-
käppchen, wir stoßen
an, weil es vorbei ist, die wut-
anfälle, die kummer brachten.
scheidung, endlich, frieden.

kohlensäure perlt in
dir weiter, noch
jahre bis in deine eigene
wohnung und den schmerz
von morgen.

letztes mal bei dir, anfang
zwanzig, auf
dem balkon bei
sonnenschein. existenz-
minimum, aber hoffnung.

ich zog weg, du wolltest
das nicht. kontakt-
abbruch.
du: verschwunden. bis
heute.

gestohlenes foto, im album
meines lebens. auf allen
seiten noch immer die leer-
stelle für deine neuen
bilder: post adolescentia

seither, ohne
kraft, zu finden. in
gedanken klebe ich
die fotografien
meiner jugend ein.

wo soll ich dich suchen?

PUSTEBLUMEN

(2015)
Für R.

Obwohl wir uns schon längst
Verabschiedet hatten
Und jetzt getrennte Wege gingen,
Trug ich weiterhin
Dein schweres, pulsierendes Herz
Auf meinen Schultern.

Du warst weit weg
Und konntest mir nicht helfen.
Manchmal
Brach ich fast zusammen,
Aber es wurde leichter mit der Zeit,
Da es an Blut verlor.

Als ich dich wieder sah,
War ich besorgt,
Es könnte sich wieder füllen
Und mein Rückgrat schwächen.

Stattdessen:
Nahmst du mir die ganze Masse ab.

Ich verweilte kurz und pflückte
Pusteblumen
Und konnte dann
Endlich weiterziehen.

ROSIGES WELKEN

(2017)

die köpfe hängen,
die zarten blüten blicken
in den abgrund
edel anmutenden sterbens.

die stiele haben sich
schon begonnen
aufzulösen,
im gelben brack,
die welken blätter
schwimmend, schimmel
kommt bald und verschlingt
das leben, um
es zu verdauen.

nichts ist in stein
gehauen und doch
bleibt ewig die
vergänglichkeit;
bleibt das erinnern dieser
rosen liebe,
als sie blühten und
sich an strahlend schönen
tagen um ewigkeit
bemühten.

LILIEN

(2017)

Jungfräulich und sterbend schön:
Edle Blumen der Jugend.
Die Schuld des Daseins übertönt
Das weiß unendlicher Tugend.

Doch dazwischen glänzt ein rosa Hauch,
Er bricht der Lüge Leiden,
Tropft noch als Messer in meinem Bauch –
Das lässt sich nicht vermeiden.

Unversehrt und unbefleckt bleibt
Keiner; Lilien werden verderben.
Sobald man sich ins Leben schreibt,
Entstehen stetig Scherben.

VEILCHEN

(2017)

violettes zart auf
schwarzer fahrt,
tugend badet in bitterkeit;
mein leiden bleibt bescheiden, ach
schütz mich vor trunkenheit!

wenn ich bald wieder aufersteh,
bepflanz mein lächeln,
mit rosen und mit klee!
bis dahin will ich abschied nehmen,
mich nur noch leise nach dir sehnen.

TOTENTANZ

dein junges lachen, die
hellen wachen augen,
die stirn in falten nur
durch deinen blick. die
süßen zeichen werden niemals
weichen, die deine haut
mit bitterkeit beflecken.

die zeit in uns ist mir egal,
doch alle suchen immer
nach dem brunnen. und
währenddessen wolln sie
sich im stummen am liebsten
vor dem tod verstecken.

hier bin ich, jetzt, dich innig
liebend und mit sehnsucht.
doch du bist weiterhin
vor dieser auf der flucht.

verweil doch mal und küss mich,
bis die erde bebt; füll deine leere
angst mit leidenschaft!

des todes predigt zeigt uns,
dass man lebt und wie man
leiden lieben schafft.

UNTERM GLATTEIS

(2016)
für Malina

ich habe deine
splitter.schönheit
aufgesammelt,
zusammengefügt.
du hast meine ideen
umgepflügt...
die worte, spann vor den karren!

und stör dich nicht
am lauten knarren der
münder.türen,
die sie sprechen.

das glatteis brechen,
unter dem spiegel tanzen,
zusammen
puzzeln.
im sonnenschein des kurzen tages...

DU BIST MEIN FEIERTAG

(2013–2015)

für A.

DU BIST MEIN FEIERTAG

(2014)

Sonnenstrahlen streifen
Deine süße Haut und leuchten.
Marokkanisches Gold.

Deine Stimme zittert zart
Und strömt sanft
In mein Gesicht.
Wie der Wind vom Meer.
Gehauchtes Salz.

Deine Küsse bedecken
Meinen Körper liebevoll.
Ein Laken aus Himmel.

Kein dazwischen
Zwischen mir und dir,
Nur wir.

Und tausend Erdbeben in uns.
Inmitten friedlicher Stille.

Weck mich nie wieder auf,
Mizrachi-Prinz.

Aus dieser duftenden Unendlichkeit!

CASSIA UND ZIMT

(2013)

Zwischen Akazienholz,
Mitten unter uns,
Liegt sanft und stolz
Mein klopfendes Herz.

Der Leuchter aus Gold
Strahlt wie deine Augen.
Doch auch sein Schatten wollt
Unsere Liebe verbergen.

Blauer Purpur hüllt uns ein,
Durch Granatäpfel verziert.
Unser Heiligtum ist völlig rein
Und doch ists kompliziert.

Zum Diadem wird dir mein Kuss,
Der deine Stirn bedeckt.
Zum salbenden Öl mein Genuss,
Der weihend dich befleckt.

Wohlriechend zieht der Rauch,
Umhüllend durch unser Zelt.
Die Vereinigung wird Brauch,
In unserer kleinen Welt.

Aus Kupfer schmiede ich
Ein Becken, füll' Wasser ein,
Wasche darin gründlich
Unsere Leben rein.

Und doch ist nichts genug,
Um unsere Liebe zu weihen.
Es bleibt verzweifelter Versuch,
Uns beide zu befreien.

Auf Freiheit und Offenbarung
Warte ich, wie ein Feind.
In mir keimt nun die Ahnung, dass
Der Messias nicht erscheint.

ROSH HASHANA

(2013)

Das letzte Jahr hat mich zu Gott geführt,
Und von zu Hause entfernt.
Und tiefgreifend mein Herz berührt,
Das nun laufen lernt.

Ich werfe voller Übermut
In tiefes Wasser einen schweren Stein.
Doch auch, wenn das Gewissen ruht,
Bin ich von Sünden längst nicht rein.

Über meinen Ozean flieg ich,
Und komme näher dem Herzen.
Das Land wartet königlich,
Mit vielen hellen Kerzen.

Wie die Flammen lodert gierig
Mein Verlangen nach dir.
Und wie der Apfel im Honig,
Versüßt du den Anfang mir.

Ich wünsch mir den Segen so sehr,
Für unseren Wunderlandtraum.
Und dass ich nicht länger mehr
Allein bin im luftleeren Raum.

JOM KIPUR

(2013)

Für dich trag ich heute mein schönstes Kleid
Und bin andächtig in weiß gehüllt,
Vergebe meine Wunden und all das Leid
Und meine Träume, die unerfüllt.

Mit Sonnenuntergang trete ich ein
In tiefe Stille und Verzicht,
Versuche geduldig zu sein,
Doch vielleicht schaff ich es nicht.

Für dich und für unsere neue Chance
Verbring ich einsam Stund um Stund,
Bin beinah schon in Trance.
Mit nassen Augen und trockenem Mund.

Sehnsüchtig warte ich darauf,
Endlich in deinem Buch des Lebens
Den Platz zu haben, den ich dringend brauch.
Doch all die Müh ist vergebens.

Unser David in meinen Händen,
Meine Gedanken bei dir,
Das Gebet scheint nicht zu enden;
Du bist eigentlich nicht hier.

Ein paar Minuten sind es nur,
Bis die nächsten Sonnenstrahlen verschwinden.
Du bist mein Jom Kipur
Und ich kann dich nicht überwinden.

SUKKOT

(2013)

In voller Blüte und mit reifer Frucht
Stehst du vor deiner Sukka.
Kurz vor Sonnenuntergang.
Und wagst dich kaum, hineinzugehen.

Ich sitze hier und puste Seifenblasen
In den Himmel Jerusalems.
Zwischen duftenden Nadelbäumen
Und weißen Steinen.

Kurz hältst du an und teilst mit mir
Einen feuerroten Granatapfel,
Den wir mit voller Lust genießen.
Auf leeren Magen.

In meiner Seifenblasenwelt
Schweben wir um die Sukka.
Und vergessen Zeit und Ort.
Stille. Und nur unser lautes Begehren.

Manchmal peitscht der Wind
Gegen meine Seifenwelt,
Die in der Sonne glitzert,
Und bringt die Blase zum Zittern.
In deinen dunklen Augen und starken Armen
Versinke ich und vergesse Jerusalem.
Und fühle nur noch dich.
Und die süßen Kerne des Granatapfels.

Doch mit den letzten Sonnenstrahlen
Zerschellt die Seife an den Nadeln.
Und ich falle tief.
Ein bitterer Nachgeschmack.

Du klopfst den Staub des Sturzes ab
Und mit Ausnahme einer, meiner, Frucht
Bringst du die Ernte in die Sukka.
Zu deiner Frau.

Ich sitze auf Laugenflecken und spitzen Nadeln
Und hoffe mit stechendem Schmerz,
Still und voller Sehnsucht
Auf Hoschana Rabba.

Und dass uns das göttliche Urteil
Für das nächste Jahr
Eine gemeinsame Sukka erlaubt.
Ohne Seife.

SIMCHAT THORA

(2013)

Heute lesen wir endlich
Der alten Liebe letzten Abschnitt,
Und beginnen leidenschaftlich
Einen neuen, ersten Schritt.

An diesem besonderen Tag
Sind wir Bräutigam und Braut.
Was der Alltag sonst nicht vermag,
Zelebrieren wir nun laut.

Ich weiß es genau und es fällt oft schwer,
Dass dies nur selten geschieht,
Doch ist Leidenschaft so leer,
Wenn man sie mit Routine versieht.

Du sagst, du kennst die Zukunft nicht
Für uns und das nächste Jahr,
Tränen laufen über mein Gesicht,
Doch dann streichst du über mein Haar.

Und wir beginnen ganz von vorn,
Lesen unsere Geschichte neu,
Die Trauer hat verloren,
Und du verlierst deine Scheu.

Gemeinsam entdecken wir,
Was ich dir und du mir gibst.
Und dann versicherst du mir,
Dass du mich innig liebst.

Mein Herz tanzt mit dem letzten Satz,
Süß schmeckt der Neuanfang.
Und wir berühren den kostbaren Schatz,
Der sonst verborgen rang.

Sorgen weichen mit jedem Wort
Wir beginnen zwei neue Leben:
Passionierte Liebe am frischen Ort
Kann alte Schmerzen vergeben.

Am Anfang schuf die Begegnung,
Leidenschaft und Vertrauen,
Dann kam die göttliche Segnung,
Auf deren Fundament wir jetzt bauen.

Unsere Liebe klingt wie eine Torazeile,
Die wir mit Hingabe genießen,
Und die wir nicht in Eile,
Sondern mit Geduld begießen.

HANUKKA

(2013)

Man hatte versucht, uns zu vernichten,
Uns zu verstecken, zu verleumden.
Doch unser tiefes Fundament
Kann große Mysterien errichten.

Ich wische mir die Asche aus dem Gesicht
Und gebe dem Zeus-Altar den letzten Stoß.
Böse Mächte sind gebrochen:
Zeit wirds, für neues Licht!

Doch unsere Reserven sind rar,
Weiß nicht, ob sie werden reichen.
Nur ein Wunder kann jetzt
Die Herzen wieder erweichen.

Geliebter, sprich den Segen!
Und beginne zu erhellen
Die Erinnerung an unser Wunderland
– Sie soll sich neu aufstellen.

Unser Diener ist der Traum
– Ein ganz besonderes Licht.
Denn egal wie dunkel es ist:
Dieser erlischt nicht.

Für jedes unserer Wiedersehen
– Bis jetzt waren es acht –
Zünden wir eine Kerze an
Und lassen sie andächtig stehen.

Beide Hände reichst du mir,
Wir bekennen unsere Schuld.
David weiht unseren Tempel,
Ein großes Wunder geschah hier!

Inmitten Olivenöl und Apfelmus
Drehen sich mit Freude unsere Leben.
Wir bitten um Gnade und hoffen,
Gott möge uns vergeben.

TU BISCHWAT

(2014)

Unser Winter soll vorbei sein,
Unser Land wieder erwachen,
Unsere Früchte gedeihen,
Und unsere Liebe neu entfachen.

Mein Herz ist kalt und wartet
Auf deine warmen Zeilen,
Meine Seele starr,
Darf nicht weiter so verweilen.

Zitronensaft und Orangen,
Mandarinen und trockene Feigen,
Genieße ich mit voller Hoffnung,
Um wieder Gefühle zu zeigen.

Die Vollkommenheit dieser Liebe
War mir abhanden gekommen,
In diesen Wintertagen,
Hatte sie abgenommen.

Was soll ich nun pflanzen
In diese Erde, die so fruchtbar scheint?
Ist es Empfindung oder Gefühl,
Was uns jetzt noch vereint?

Ich grabe ein tiefes Loch und
Streue allerlei Samen hinein,
Und warte gespannt und mit Sehnsucht,
Welche Pflanzen sich werden befreien.

PURIM

(2014)

Es ist seltsam, und doch kann ich spüren,
Dass jemand uns zu vernichten versucht,
Fernab von unserer Heimatwelt
Wird unserer Liebe alles verstellt.

Seit den Tagen im geliebten Wunderland
Leben wir in unserer Diaspora.
Und keine Welle aus Küssen
Spült es an diesen Strand.

Und doch lebt die Liebe noch bescheiden
In diesem Exil des Herzens,
Doch ein Los will unser Leiden,
Und unsere Flamme erlöschen.

Ich sitze im Dunkeln und hoff:
Esther wird uns retten!
Doch auch der Verkleidung edler Stoff
Legt uns wieder nur in Ketten.

Meine Maske lächelt,
Mein echtes Auge weint,
Doch das wichtige am Kostüme,
Ist, das nichts ist, wie es scheint.

Und deshalb weiß ich auch nicht,
Ob wir wirklich gerettet sind.
Höre ich dort Rasseln?
Oder war es nur der Wind?

Nur weil eine schöne Frau
Ein Volk zu retten vermocht,
Heißt es noch lange nicht,
Dass unser Herz noch klopft.

PESSACH

Komm, lass uns endlich heimgehen,
In unsere Zauberwelt,
Wo der Prinz mich sanft
Noch immer in den Armen hält.

Lass uns all die Schritte gehen,
Die uns inzwischen trennen.
Von all den Fabelwesen;
Den Hasen, seh ich rennen.

Lass uns in der Haggada lesen
Und Wein trinken,
Lass uns Gebote der Liebe empfangen
Und schnell genesen.

Wir irren durstend umher
Zwischen Märchen und Tradition.
Und ich glaube immer mehr:
Unser Wunderland ist Fiktion.

SCHAWUOT

(2014)

Erinnere dich an weiße Laken,
An Schnee und Sonnenstrahlen.
Erinnere dich an zarte Küsse,
An Düfte, die Farben malen.

Erinnere dich an all die Namen,
Die wir für Leidenschaft hatten.
Erinnere dich an all die Früchte,
Die süßen, in unserem Schatten.

Wir trinken Milch mit Honig
Und gedenken still.
Dabei ist es nur ein Kuss,
Den ich jetzt gierig will.

Ich hab die Hoffnung noch nicht verloren,
Dass wir es ein zweites Mal können:
Den Berg besteigen, um zu verkünden,
Was wir unseren Herzen gönnen.

ZERSTÖRTER TEMPEL

(2014)

Mit Trauer stell ich fest,
Dass unser Tempel zerstört ist.
Auch wenn es mich nicht schlafen lässt,
Dass du nun nicht mehr da bist.

Es brauchte eine Weile
Zu sehen, wie unendlich groß
Der Schmerz dieser Niederlage
Sich in mein Herz gefressen hat.

Was sollen wir tun ohne Tempel?
Ohne die Heimat der Liebe?
Ohne Bathseba und David
Und ohne durstige Triebe?

Meine Tränen rollen bitter,
In meiner Seele steckt noch ein Splitter.
Und es wird lange weilen,
Bis meine Wunden heilen.

Steh auf, mein Prinz, wir müssen gehen,
Wir können nicht in Zerstörung stehen.

Wir verstreuen uns in neue Welten
Mit neuen Lichtern, neuen Zelten.
Und behalten neben den Schmerzen
Für immer die Liebe im Herzen.

Denn auch wenn unser Tempel
Nicht mehr steht,
Gibt es Zeilen und Träume von uns,
Die Wind nicht verweht.

ZU STEIN GEWORDEN

(2015)

Da wo mal unser Tempel stand
Wächst jetzt Lavendel.
Wo du mich leise atmen hörtest,
Fragt dir ein kleines Mädchen
Löcher in den Bauch.

Wo mich deine dunklen Augen sahen,
Strahlt kein Ring mehr,
Nur ein blondes Lächeln
Und morgen vielleicht ein anderes.

Da ist keine Poesie geblieben,
Nur noch weiter dichten
Und ab und zu ein Bier im Kopf.

Ich hab ganz oft versucht,
Unsere kleine Welt zu kitten.
Bis ich verstanden habe,
Dass ich das gar nicht will.

Was war, bleibt.
Nur, dass es inzwischen
Zu Stein geworden ist.

Ich streiche oft
Mit allen Händen und Sinnen
Über dieses Monument,
Wie über ein vertrautes Grab.

Erinnere, was du mir bedeutet
Und gegeben hast.
Und sehe meinen Wunden dabei zu,
Wie sie als blasse Narben
In meiner Haut verschwinden.

CHOREOGRAFIEN AUS LAVENDEL

(2015-2016)

für H.

JETZT

(2015)

Du hast meine Hand genommen
Und einfach nichts gesagt.
Und du hast mich angeblickt
Und mich dabei gesehen.
Du hast mich an dich gedrückt,
Als suchtest du nach Wärme.
Und es hat dir stumm gereicht,
Einfach da zu sein.
Jetzt.

Ich habe kurz überlegt, ob du verliebt bist.
Dann bist du in der Morgensonne
Schnell geflüchtet.
Du kamst an anderen Tagen wieder.
Mehrmals.
Aber wir reden nicht.
Es passiert.
Jetzt.

Wir haben nicht viel Zeit
Füreinander.
Offiziell.
Aber vielleicht haben wir auch
Zu viel Angst
Voreinander.
Jetzt.

Und vielleicht
Für immer.

NEUE FARBEN

(2015)

In meinem leeren Raum
Haben wir auf weißen Farbeimern gesessen
Und unsere Leben diskutiert,
Als würden wir Pigmente
An die kahlen Wände werfen.

In diesen Nächten haben wir
Die Palette geschnitzt,
Die Platz hat für viele Farben:
Deine, Meine
Und tausend Nuancen dazwischen.

Bring neue mit,
Wenn du wiederkommst,
Und mal meine Räume bunter!
Wasserfest.

Denn wenn du bald gehen solltest,
Möchte ich die Farben behalten.

DEIN HERBST

(2015)

Wenn grün durch kalte Tage
Langsam ocker wird,
Und die Euphorie des Sommers
Friedlich beginnt zu träumen,
Legt sich eine sanfte Ruhe
Auch über hungrige Gemüter.

Noch ist da keine Angst vor
Dunkelheit,
Die uns der Winter bringen wird;
Noch ist da keine Sehnsucht nach
Neuem Frühlingserwachen.
Noch sind wir erschöpft von
Rausch und Rastlosigkeit.

Wir zelebrieren laut schweigend
Lange Herbstspaziergänge
In unsere verlebten Seelen.
Ohne darauf zu achten, dass schon bald
Der Drang nach Exzess
Wiederkehren wird.

Du suchst nach einem Zwischenstopp
Damit dein Körper sich erholen kann.
Ich bin die Parkbank, auf der du sitzen kannst,
Um dein Leben kurz stillzulegen,
Um tief und langsam durchzuatmen.

Leg dich in meinen Schoß und
Fühl dich sicher.
Ich hab noch so viel Energie für dich,
Obwohl ich selbst
Längst ausgekühlt bin.

Herbstluft ist ein Lügner:
Was warm aussieht,
Wird nach kurzem Stillstand
Bitterkalt.

Bald wirst du aufstehen und weitergehen.
Du wirst betrauern,
Dass der letzte Sommer um ist.
Und dich im dunklen Winter
Nach heißen Nächten sehnen.

Wenn der Wind alle Blätter
Fortgeweht haben wird,
Kann auch die kalte Sonne
Kein warmes Licht mehr werfen.

Ich stehe unter bunten Bäumen und klebe
Gefallene Fetzen Chlorophyll
An zitternde Äste.

Aus Angst.
Dass du zu schnell frieren wirst
Und den Glanz herbstlicher
Sonnenstrahlen
Nicht mehr sehen kannst.

MEIN HERBST

Nehmt mir den Kleber weg!
Ich habe festgestellt,
Dass es lächerlich ist,
Kalte Nächte täuschen zu wollen.

Wenn die Fähigkeit zu Ruhe, Nähe und Liebe
Nur noch als harte Fläche
Narben schlägt,
Kann ich keine Wunden mehr heilen.

Geh bitte weiter!
Und nimm mein Herz nicht mit.
Ich kann es gut gebrauchen,
Wenn die hellen Frühlingstage
Auf sich warten lassen werden.

TANZ DER DISTANZ

(2015)

Wir tanzen spielend
Vor bezaubernder Kulisse
In kaputten Schuhen aus Psyche
Den Tanz der Distanz
Und wissen die Zahl
Der Akte noch nicht.
In unserm postmodernen Tanztheater.

Sechs Wochen Prolog:
Schnuppern, reden, verabreden;
Vergessen, schweigen, absagen.
Häppchenweise Hinführung. Zum Thema Nähe.
Fass mich fest an,
Aber lass den Muskel ganz,
Der in meiner Brust den Takt angibt.
Angst bringt viel Distanz
Und schlägt Pirouetten des Verlangens.

Bloß nicht stolpern;
Konzentrier dich auf die Choreo!
Distanz Distanz Distanz,
Entferne mich von
Meiner Faszination!
Nähe Nähe Nähe,
Es funktioniert natürlich nicht.
Fast gefallen,
Gerade fängst du mich noch auf.

Wichtiger Akt:
Eine Woche Magie.
Fühlt sich an, wie Klimax.
Kann es aber noch nicht gewesen sein,
Klassischer Wendepunkt der Choreo,
Kommt doch später erst?

Ausdruck, tiefe Innigkeit,
Musik dringt in uns ein.
Leidenschaft bringt
Nähe Nähe Nähe.
Wir führen uns in Leichtigkeit
Und spüren unseren Atem.
Pass auf deine Schritte auf!
Nähe Nähe Nähe,
Fast zu viel...
Klimax?

Musik wird schneller;
Angst vor Alltag
Kräftemessen,
Einzelkämpfer,
Hart versessen
Auf den bruchsicheren Panzer
Unserer Herzen.
Magie vergessen?

Blinde Akte werden folgen,
Arien und Chorgesänge;
Kräftemessen,
Wieder Nähe
Und von vorn:
Distanz Distanz Distanz,
Fass mich nicht an
Und greif dann
Nach neuer
Nähe Nähe Nähe.

Bis die Erschöpfung
Uns in neue Lieder treibt
Oder ein Muskelfaserriss
Mich zu Boden wirft.

RENOVIEREN

Als aus deinem Leben,
An unterschiedlichen Stellen
Mehr Substanz herausbrach,
Habe ich dir gezeigt,
Wie man Wände repariert:
Die kleinen mit dem Spachtel,
Die großen mit Gipskarton.

Es fiel dir leicht,
Die kleinen zu verspachteln,
Und sie dann
Mit weißer Farbe zu überstreichen.
Aber für die großen
Musst du die Löcher erst
Großflächiger und gerade ausschneiden,
Um sie dann flicken zu können.

Dafür fehlt dir die Kraft
Und du bist zu stolz, zu ungeduldig
Und zu ängstlich,
Um dir von mir helfen zu lassen.

Und vielleicht magst du auch den Wind,
Der durch die großen Öffnungen
In dein Leben weht
Und deine Seele immer wieder verwüstet.

SCHORF

(2015)

Deine Wunden
Werden niemals heilen.
Zu schnell und zu dick
Hatte sich in Nuancen aus braun und rot
Schorf auf deiner Haut gebildet.

Ich habe darüber nachgedacht
Ihn abzupulen,
Um dir beim Heilen zu helfen.
Aber du hast es verweigert,
Weil du dich schon zu sehr
An den Schmerz gewöhnt hast,
Ihn nicht mehr spürst
Und vielleicht ohne ihn
Nicht mehr leben kannst.

Ich fühle ihn,
Aber ich muss lernen,
Dass das dein Körper ist;
Und ich nicht befugt bin,
Deine alten Wunden aufzureißen,
Nur um meine eigenen
Qualen zu lindern.

GERUCH

(2015)

Es riecht so sehr nach dir!
Hast du gesagt
Und gelächelt.

Aber du hast nicht gesagt,
Ob du diesen Geruch magst.

Wenn ich neben dir aufwache,
Wünschte ich manchmal,
Es wäre noch dunkel.

Und doch kann ich nicht liegen bleiben,
Wenn das Licht neue Schatten zaubert
Und Lavendel sich gemischt hat.
Mit unseren Körpergerüchen.

Dann streiche ich über dein Gesicht,
Liege an deiner Brust
Und wünsche mir,
Dass du aufspringst und Kaffee kochst.
Um unseren Duft aus Nacht
Mit Tagaroma zu übertönen.

Und wenn du gehst,
Rieche ich noch ein letztes Mal
An dem Kissen,
Auf dem du geschlafen hast.
Bevor ich das Fenster öffne
Und meinen Tag beginne.

Ohne dich.
Und ohne unseren Geruch.

Es bleibt nur Lavendel.

RÄUBERTÄNZE

(2015)

Tanzend hatte ich
In kleinen Schatzkisten bewahrt,
Was mir gehörte.
Und dich gebeten,
Weiter zu gehen.

Doch du bist geblieben,
Und hast dir einfach alles genommen.

Ich habe zugesehen
Und nicht bemerkt,
Dass du nicht einmal etwas dafür
Zurückgelassen hast.

Ich fühle mich beraubt und leer,
Und richte ein neues Versteck ein,
Welches du nicht so leicht findest.

Und wenn ich bald wieder
Stärker bin als heute,
Hol ich mir alles zurück:
Meine Unabhängigkeit,
Die Fähigkeit zur Einsamkeit,
Und mein Herz.

WINTERSONNENWENDE

(2015)

Ich habe die fallenden Blätter
Und milden Sonnenstrahlen
Jeden Tag genossen.
Ohne Angst vor November.

Als es grauer wurde,
Malte ich einfach meine Wände bunt
Und tanzte ins Verderben,
Welches so lecker schmeckt.

Ich habe meine Welt erweitert
Und meine Brille abgesetzt.
Ich habe beschlossen,
Es alten Bräuchen gleich zu tun.

Ich zelebriere den Tiefpunkt.
Ich tanze,
Weil ich weiß,
Dass es wieder heller wird.

Wer Dezember überlebt,
Hat Hoffnung.
Und wer die Sehnsucht
Nach Licht verdrängt,
Überlebt Dezember.

HAPPY NEW DAY

(2016)

Um mich herum ballert es.
Nur nicht in meinem Kopf,
Dafür in deinem.
Viele Kilometer Exzess weiter.

Ich genieße meine Einsamkeit,
Mit Leidenschaft.
Während sich Menschen
In die Arme fallen,
Berauscht und zuversichtlich;
Lösche ich das Licht,
Als wäre dies das Normalste,
Was man in diesem Moment tun könnte.

Ein Tag wie alle anderen,
Nur mehr Lametta.
Eine Nacht ohne dich,
Aber mehr Sehnsucht.

Nicht nach dir
Oder uns.
Bloß nach der Art,
Wie dein Kopf
Sich in meinen Körper gräbt.
Auf der Suche nach
Geborgenheit.

Ohne Zeit und ohne Ort
Happy New Day!

In welchem Jahr auch immer.

SUDO:LOVE

(2016)

Ich habe neulich versucht,
Deinem Herzen einen Befehl zu geben.
Terminal auf:

```
Dein Herz ~$ sudo: love
[sudo] password for Dein Herz: open
sudo: love: command not found
~$
```

Terminal zu.
Enttäuschung an.

Und dann hab ich einfach,
Um mein Herz zu schützen
Das System heruntergefahren.
Terminal auf:

```
Dein Herz ~$ sudo: halt
[sudo] password for Dein Herz: open
system halted
```

Und ich warte.
Auf den Informatiker,
Der das vielleicht zu richten weiß.
Und bis dahin
Gilt für mich:

```
Mein Herz ~$ sudo: halt
[sudo] password for Mein Herz: in love
system halted
```

AMBIGUE

(2016)

Ich lese dir vor
Aus Geschichtsbüchern
Und Büchern mit Geschichten.
Und an meinem Schulterblatt
Bricht sich dein Atem
Und strömt durch alle meine Sinne.

Wir sind Zeitreisende,
Die nach Fragen suchen.
Du redest über Einsundnull
Und ich verstehe nur vage,
Was das mit Revolution zu tun hat.

Und während du sprichst,
Vergräbt sich mein Atem
In deiner Brust
Und strömt vielleicht
Durch deinen Körper.

Lass uns Geschichte schreiben
Und Revolution programmieren!
Vielleicht morgen.
Mach das Licht aus!
Ich möchte mich in dich eingraben
Und hoffen, dass sich unser Atem trifft.

Das ist ambigue,
Hab ich gesagt
In einer unserer Diskussionen.
Und du hast mich angesehen
Und meintest, es sei anziehend für dich,
Wenn ich dieses Wort verwende.
Ambigue, ambigue, ambigue...

Wir schreiben keine Geschichte
Und programmieren keine Revolution.
Nicht heute und nicht morgen.
Aber wir bleiben
Computerjunge und Lesemädchen,
Wenn wir zusammen einschlafen
Und getrennt aufwachen.

Und ich schreibe Zeilen mit Geschichten
Über uns.
Heute
Und vielleicht auch morgen.

Unsere Geschichte kennt nur Einsundnull
Und lebendig ist der Moment,
Wenn wir des anderen Atem
Mit unserer Haut
In uns aufsaugen.

AUS DEM RHYTHMUS

(2016)

Aus dem Rhythmus
Bin ich gekommen
Und hab dann einfach
Nicht zurück gefunden.
Nicht zu dir
Und auch nicht ganz zu mir.

Abseits
Bin ich
Gefangen in meinen Büchern.
Tag und Nacht,
Nacht und Tag.
Wer weiß das schon...
Tick Tack.

Und mein Geist will und will und will,
Nur die Konzentration macht es nicht
Und die Augen tränen.
Vielleicht will ich auch nur vergessen.
Nur was?
Wer weiß das schon…

Lenk mich ab!
Und schenk mir ein paar Stunden Liebe,
Damit ich wieder lerne
Zu fallen
In meine Leidenschaften.

Damit die Uhr wieder leiser tickt
Und mich das Tageslicht
Aus erholsamen Nächten weckt.

UNABHÄNGIGKEITSKRIEG

(2016)

An manchen Tagen
Lebe ich frei und bin stolz im Ausführen
Meiner Unabhängigkeitserklärung.
Und ich bin so autonom und glücklich in mir selbst.
Und stark und schön.

Und an manchen Tagen
Drücken die Ketten fest zu und schneiden sich in mein Fleisch
Bis auf die Knochen und bis in die kleinste Zelle.
Und ich bin gefesselt und traurig ohne dich.
Und schwach und hässlich.

Steh auf!
Sage ich zu mir,
Und kämpfe deinen
Unabhängigkeitskrieg
Deinetwegen. Und auch für euch...

Vernunft lässt Raum,
Herz engt ein.
Doch Luft ist dünn
Und Zeit ist ewig.

Ich lege mir die Ketten an.
Ich muss sie lösen können.

Und dann unterschreibe ich
Erneut und immer wieder
Meine Unabhängigkeitserklärung.

Und atme frische Winterluft
Statt Heizungsmief.
Bis alles wieder von vorn beginnt.
An Orten aus Zeit.

WINTERGESCHICHTEN

(2016)

Schnee hat dich zugedeckt und ich hab dich nicht gefunden.
Nirgends.
Nur deine Stimme gehört, die mir sagte, dass alles gut sei.
Und ich nicht suchen soll.
Dabei habe ich vom Weiten schon
Erkannt, dass deine Worte zittern.
Und du mir nur nicht die Wahrheit sagen kannst und willst.
Aus Angst, mich zu besorgen.
Und auch, wolltest du
Nicht, dass ich dich finde,
     Nicht, dass ich dich wärme
         Nicht, dass ich dir nahe bin.
Warum, dass weiß ich nicht.   Weil du nun schweigst.

Zwischen Eis und Dunkelheit steckst du fest.
Und bevor ich beginne zu frieren,
Beschließe ich, heim zu gehen. Und zu warten,
Bis die Sonne den Schnee getaut haben wird.

Vielleicht sprichst du wieder,
Wenn der erste Krokus lila aufblüht
Und der Boden wieder trocken ist.
Oder meine Augen.
Und dann erzähl mir Wintergeschichten.

Und ich werde dein Herz wieder wärmen
Mit der Energie, die ich in der Zwischenzeit
Für dich aufbewahrt habe.
Bis dahin muss ich dich einfach zittern lassen.

Und wenn du nicht kommst, muss ich stark sein
Und den kommenden Sommer nutzen,
Deine dunklen Geister zu vertreiben.
Und deine Wintergeschichten.

PARADENTOSE

(2016)

Du bist wie Zahnpflege:
Einmal vernachlässigt,
Und man spuckt
Plötzlich jeden Tag Blut.

Und braucht Ewigkeiten,
Um dieses schale Gefühl
Nicht mehr zu schmecken
Und das aufgewühlte
Fleisch zu sänftigen.

Doch was hätte ich tun sollen?
Ich wollte nicht,
Dass du Routine wirst.
Wie Zähneputzen.

Und die Frage,
Die ich dir stellen wollte,
War nicht,
Ob du bleiben würdest,
Sondern ob du mich
Bleiben lassen kannst,
In diesem Moment.
Beides war unmöglich.

Und was konnte uns da
Anderes passieren, als
Paradentose?

SCHNEEGLÖCKCHEN

(2016)

Durchgestoßen
Ist es, und hat die Demenz des Winters einfach vertrieben.
Durchgestoßen
Bis in mein Bewusstsein. Was eingefroren schien,
War ausgesperrt. Durfte bisher unter keine kuschelige Decke.
Wurde einfach verdrängt...
Durchgestoßen
Ist auch deine Verletzlichkeit, während ich fast dachte,
Es gäbe sie gar nicht mehr.
Seit die bunten Blätter weg waren.

Durchgestoßen die Gedanken des Alltags.
Durchgestoßen das Gefühl,
Dass die dunklen Tage nicht nur mich verletzen können.

Ich hatte mich in Watte eingepackt und alles vorbereitet,
Dass mich der Winter nicht wieder
Zu Boden reißen würde.
Aber ich hätte nicht gedacht,
Dass er dann einfach dich packt.

Durchdrungen hat er uns und manchmal frieren wir.
Doch durchgestoßen sind auch schon die ersten
Schneeglöckchen
Und sie geben Hoffnung auf die Leichtigkeit des Frühlings.

Hab keine Furcht, ich bin geduldig.
Ich kann auch auf Tulpen warten, wenn du mir vertraust.
Und sag mir vielleicht irgendwann,
Leise und ganz nebenbei,
Dass du mich liebst…

Und bis dahin: Nimm mich
Einfach noch einmal in den Arm!

SEHNSUCHT NACH ZÄRTLICHKEIT

(2016)

Du hast mich angesteckt
Mit deiner Apathie
Und bist dann einfach gegangen.
Und ich kann meine Einsamkeit
Nicht mehr genießen.
Sonst funktioniert das ganz gut.

Ich bin vertieft in belanglose Worte
Und in schlechte Stimmung.
Und am liebsten
Möchte ich mich eingraben,
In mein Bett aus Traurigkeit,
Und weiß gar nicht so recht warum.

Der Tag in meiner Tasse ist
Unzählige Male kalt geworden.
Weil ich einfach vergessen habe
Zu trinken.
Und ich frage mich, warum ich keinen Hunger habe...
Und keinen Appetit.
Auf nichts.

Ich wollte ja stark sein,
Um dich stützen zu können.
Aber wie ist das möglich?
Wenn du jede Berührung einfach von dir weist...

Therapieren wollte ich dich.
Mit Streicheleinheiten.
Aber eigentlich war es nur das Verlangen,
Mich selbst zu heilen.

Inmitten meiner Sehnsucht
Nach Zärtlichkeit.

UNTERKÜHLUNG

(2016)

Zu schnell war sie da, die Kälte und stupste spielend
Blätter – noch ganz grün – mit einem Hauch zu
Boden. Und
Mich auch.

Und in der Luft verhallt jetzt Industrie und hustet
Rauch. Und Schnupfen pfeift und greift in Straßenbahnen
Um sich – packt mich sichtlich.

Du bist so kühl, dass Regentropfen frieren, wenn sie deinen
Schoß erreichen und deine Hände
Über meine Wangen streichen. Ich
fühl dich nicht, so taub wird mir zumute.
Und mein Gesicht zerbricht wie
Dünnes Eis … ganz zart und leis.

Ich heize mich um Kopf und Kragen, kann kaum
Ertragen, wie eisiger Wind
Zwischen Menschen und durch jede kleine Ritze rinnt.
Meteorologen können nichts dafür…

Und ich träume von einem Klima, das der Distanz
Den Mittelfinger zeigt, und streikt, sich
Vor Berührung verneigt. Ohne nachzudenken.
In die Arme nimmt.
Mich Sommerkind.

Ich stehe starr, voller Sehnsucht zwischen tropfenden Nasen.
Hab kein Taschentuch...
Erkältet hab ich mich
Vor allem deinetwegen.

Ich bleibe unterkühlt...
Und unter-fühlt.

APRILBLUME

(2016)

Alles blüht auf
Und legt sich laut
Um meine Stille...
Still gelegte Euphorie.

Der Kampf ums Erwachen
War hart und hat ermüdet.
Jetzt,
Wo wir die Frühlingsfarben
Endlich
Berühren könnten.

Ich bin zu trocken
Für die Sonnenstrahlen von Heute
Und zu nass
Vom Regenschauer deines Gestern.

Füll meine Widersprüche
Mit Zärtlichkeit
Und meine Leere
Mit Leidenschaft!

Kampf macht stumpf
Und Wurzeln stampfen
Durch verbrannte Erde.

Pflanz mich in einen kleinen Topf
-vorübergehend-
Düng mich mit Hoffnung,
Gieß mich mit Berührung.

Zeig mir meine neuen Triebe
Ich blühe erst
Durch Liebe.

KEIN REGENBOGEN

(2016)

Du kommst und gehst
Wie die Sonne
An einem klassischen Apriltag.

Und manchmal
Beginnt der Regen auch schon
Während du noch da bist.

Immer ohne Schirm.
Immer ohne Regenbogen.

LÜFTEN

(2016)

Wenn die Luft
Hier drinnen zu
dünn zum Atmen wird...
Kannst du das Fenster öffnen.
Für neuen Wind.

Vielleicht reicht das
Aber nicht.
Dann müssen wir doch
das Haus verlassen.

Oder uns.

EXPLOSION

(2016)

Für dich
War mein
Plötzlicher Schrei
Ein Schock.
Mitnichten hast du das erwartet.

Ich auch nicht.
Dabei hätten wir beide es ahnen können.

Wer Bomben baut,
Muss damit rechnen,
Dass sie zünden.

FESTMAHL

(2016)

wir sitzen
und essen zu abend,
nach langem tag in
bitterer heiterkeit.
und erbrochenen worten,
ohne syntax.
und schweigen.

du fütterst mich
mit gedanken,
der tisch ist gedeckt mit allerlei
gemischten gefühlen.
ausgedehnte völlerei
lustvoller unlust.

mit geschwollenem bauch
gehe ich heim
und mich plagt übelkeit.
angestaute wut.

wie ein dicker stein liegt sie
schwer im magen.
kein aperitif mag betäuben,
frisst sich in alle organe,
pumpt große löcher ins herz.

schlaflos streichle ich meinen bauch
und will verdauen
und frage mich
ob du an dieser riesigen portion
gleichgültigkeit
irgendwann erstickst...

oder ich.

TRADITION

(2016)

Jedes Mal, wenn du gehst,
Lässt du etwas hier zurück:
Ein Haar, ein Kleidungsstück
Und Worte,
Die noch Tage durch meine Zimmer huschen
Und Melodien,
Zu denen ich nicht tanzen kann.

Und jedes Mal, wenn du gehst,
Nimmst du ein Stück von mir mit dir:
Ein Haar, ein Kleidungsstück
Und Fetzen meiner Gedanken,
Die mir Löcher in mein Weltbild reißen.
Und meinen Duft,
Der dir anhaftet und mich charakterlos
Unsichtbar werden lässt.

Jedes Mal, wenn du gehst,
Fühle ich mich überschrieben.
Wie eine ersetzte Datei.
Wie Worthülsen.
Und wie deine Lippenbekenntnisse.

Geruchlos und ohne Schatten
Wandle ich umher.
Und brauche Tage,
Dich wieder abzulegen.

LOVE LIKE INSTAGRAM

(2016)

in nebel getauchter sommer
und ergrautes grün,
wärmend wohlige luft:
durchsetzt von feucht.

ich kann kaum atmen,
luft drückt schwer
auf meine matten augen,
[die] nur noch [deine] silhouetten sehen.

druck steigt, entlädt sich nicht.
keine funkelnden himmel,
kein donner in deiner stimme.

und wenn die sonne sich zeigt,
bist du nur noch geblendet
von zarten, vergangenen stunden
und
meinen farben.

malst dann einfach
den sommer wieder grau...
und mich.

ich bin das junifoto
und du
der scheiß filter.

PURZELBAUM

(2016)

der tag fließt vorbei
wie schatten von matten
ideen und im selbst vergessen
liegt dein sinn im gras und
gurgelt liebe.

betäubt graben meine lippen
furchen und schluchten und
schlucken salzige brocken braunen
elends und in trance tanzt erinnerung
deine alten lieder,
trampelt sie fest – meine gedanken – planierraupendicht und
baulärm bringt tinitus – dein erstarrter genuss.

stumpf gleiten meine glieder
an dir entlang und hören nur noch pfeifen
in deinen stummen augen
und steifen nacken. baracken
aus zweisamkeit.
wo sind wir gewesen? weiß keiner,
habens nur gelesen und werden verwesen
mit schwindender zeit,
hinein in die nacht;
bin fort jetzt, sagtest du und
ich hab gelacht,
dann im dunkel bin ich
endlich erwacht aus deinem leben
und hab mir meines zurück gegeben.
dir und mir vergeben.

mit einem purzelbaum aus deinem dunstkreis fallen,
entschwinden und finden,
mir wieder gefallen.
und tanzen mit allen.

ZARTE VERWESUNG

(2016)

Der Regen tropft durch und durch
Die Gemüter. Und weiß geschwind uns frieren machen.
Das Grau der Tage lässt uns stumpf
Und dumpf in des anderen Augen blicken,
Während die Kälte durch die Nähte zieht
Und wir uns vor uns selbst Verstecken.

Was bunt war, wird nun brauner Matsch – *Plitsch Platsch*,
Bist du hindurch gesprungen.
Ohne Rücksicht.
Und der Dreck hängt in meinen Haaren, läuft
Durch mein Gesicht;
Vermischt sich notgedrungen mit dem Salz auf meiner Haut.
Du freust dich laut.

Das ist kein Spaziergang mehr. Nur noch noch ein Wettlauf
Um kaputte Egos.
Und wenn du lächelst, willst du zeigen, dass du Schmerz nicht
Spüren kannst, ihn gar verbannst.
Dabei hab ich das längst erkannt,
Das war der Grund, weshalb ich jüngst verschwand.

Du bist ein alter Herbst, der im November seine Fratzen zeigt,
Noch hübsch bleibt, doch bereits Vergoren ist.
Die Tage sind kurz
Geblieben mit dir. Verloren jetzt.

Und dein Duft ist längst mit altem Laub
Gestreckt. Meine Erinnerung leckt
Den Staub von meiner Schläfe.
Schön bist du noch immer…

Welke Blumen werden niemals hässlich,
Sie fangen nur an zu stinken.

KEIN HAPPY-END

(2016)

Meine Schlaflosigkeit treibt
Dich in sanften Wellen
Zur Verzweiflung. Der Schaum
Vor deinem Mund, die Gischt.

Wenn ich wieder und wieder aufstehe,
Mich aus dir befreie.
Umherwandelnd.
Zwischen deinen kalten Tränen
Und meiner Sprachlosigkeit.
Nicht aber los von Gedanken.

Und ich lege mich wieder
An deinen eisigen Körper.
Wo ich bin, weiß ich nicht.
Ohne Sprache kein Ort.

Du hast dich an meiner Liebe
Verschluckt, langsam
Verdaust du sie.
Fresskoma.

Von draußen leuchten Straßenlaternen
Und du stößt
Schnarchend meine Leidenschaft auf.
Drohst manchmal fast
Daran zu ersticken.

Und wenn es bald dämmern wird,
Hat mich vielleicht
Der Rhythmus
Deines kaputten Atems
In den Schlaf geschaukelt.

FLUCHT

(2016)

Verflüchtigt hat sich
Dein Duft,
Berüchtigt lags
In der Luft, dass
Süchtig
Ich von dir lassen muss.

Und ich tat es und
Huste noch manchmal
Deine schönen Lippen
Aus verätzter Lunge.

Besänftigt hat mich der Abschied
Dennoch nicht.
Nur bekräftigt in meiner Sehnsucht,
Gedrängt zur Flucht
Und zum neuen
Lied,
Dass ich allzu lang
Mied,
Verängstigt, weil ich dich zu gern roch,
Mich verkroch,
In deinem Körper aus Schorf.

Und nicht merkte, wie das getrocknete Blut
Meine Wunden aufrieb.
Und mich in Tage ohne Wärme trieb.
Denn ich hatte dich lieb...

SACKGASSEN

Du steckst fest, kannst nicht weiter.
Wohin auch?
Wenn Zeit so wenig
Raum und Lüge so wenig
Traum ist?
Und dein Blick nur in eine Richtung zeigt?
Du süßer Vektor!

Festgefahren,
Wie alte Räder im Schneematsch;
Klatschnass bist du vom Kampf
Gegen dich selbst.

Ich sehe
Dich vom Weiten, und winke, und trinke Tee.
Ohne zu warten.
Kein Seil dabei. Keine Kräfte mehr.
Dich schmerzt das
Plötzlich sehr, doch
Ich geh.

Zu oft
Hab ich dich aus dem Schlamm gezogen, mich
Dabei selbst belogen,
Bin jedes Mal mit dir
Gestürzt und die Narben
Krampfen und stampfen
Noch schmerzend nach Hause.

Es bleibt nun anderen über
Lassen, dich anzufassen, und dir
Zu helfen; sie kennenzulernen:
Deine Liebe für Aussichtslosigkeit…
Deine Sackgassen.

ENDLICH!

(2016)

Es geht dir gut, sagst
Du. *Schön,* antworte
Ich und seh dich
Dabei nicht an.

Du redest davon,
Wie gut dein Leben läuft,
Arbeit und so, sagst
Du. *Schön,*
Sage ich wieder.

Und der Kanal, an dem wir
Spazieren gehen,
Langweilt sich mit uns, so egal
Sind wir uns geworden
Endlich.

Darauf warte ich seit Wochen. Ich
Sehe dir kurz in die Augen.
Tiefblau blinzeln sie und
Rühren mich nicht
Mehr.
Endlich.

Nach diesen Zeilen schreib ich
Dich nie wieder ein in
Mein Leben.

Nur noch
Ab.
Jetzt.
Endlich.

CUBA À TROIS

(2016)

für M.

SO SCHNELL

so schnell
da
und dann
verschwunden,
verwunden
kannst du mich nicht.
und doch
denk ich noch
manchmal
zurück,
daran
wie bunt dein lächeln
schmeckt,
meine haut befleckt,
mit deiner
unschuld.

komm nicht wieder,
und hör auf
zu gehen!

CUBA LIBRE

Ich beiße in ein Stück Zitrone
Und meine Zunge gleitet
Über meine Lippen,
Auf der Suche nach dem letzten Tropfen Rum.
Und dem Abdruck
Deines Mundes.

Und noch wage ich es nicht,
Die Zitronenreste wegzuwerfen.
Auch ist da noch Saft in der Presse.
Und eine halbe Flasche Rum.

Gefrorenes Wasser liegt
In kleinen Klumpen im Eisfach.
Wir bewahrten es vor dem Schmelzen.
Und auch wir blieben,
Bei aller Zärtlichkeit, starr
In alten Aggregatzuständen.

Es war schön, dich zu küssen.
Und ich mochte deinen Geruch und deine Hände
Auf meiner Haut.
Aber irgendetwas fehlte noch.

Erzähl mir mehr aus deinem Leben!
Sei ganz frei...
Ich will dich sehen können.

Und dann küss mich wieder!
Und berühr meine Haut, wie du es gerade getan.
Und wir werden sehen,
Was wir uns geben können.

Oder eben auch nicht.

[OHNE CUBA] LIBRE

Der Zitronensaft
Ist mit der Zeit
Süß geworden.

Und ganz ohne
Rum und Cola ist das Eis
Geschmolzen.
Als du mich endlich
Wieder berührt hast.

Mein Duft hängt noch
Immer in deinem Kissen.
Und wie zart [und] offen deine
Lippen auf meiner Haut…

Wir haben uns frei gemacht
Von Cuba.
Es bleibt

Libre.

OHNE [CUBA] LIBRE

Im Park steht ein Eimer mit Eis,
Neben Decken
Und einer Laterne.
Im Eis steht eine Flasche Rum.
Und Zitronen schwimmen mit den Würfeln.

Einst hieß das *Freiheit*
In deiner Gegenwart.
Jetzt klebt zwar alles,
Aber heiß ist uns nicht.

Ich will heut keinen Drink,
Gib meinen Cocktail weiter...
Das *Libre* ist nur noch der Schatten
Von geschmolzenem Eis.

Kein Kuss, keine Berührung.
Cuba kann nichts dafür,
Dass *Libre* fehlt.

Ich auch nicht.

MUSKELKATER

die grasflecken sind in
mein fleisch gewachsen,
an dem tag,
als wir erstmals
im grünen schliefen und
weite wege zusammen liefen.

der sand in meinem schuh
reibt seither
haut zu wunden;
nur du warst plötzlich,
ohne wort,
verschwunden.

es war nie möglich,
jemals anzukommen,
weil es kein ziel gab
und du wusstest das.
– ich bin noch immer
ganz benommen.

ich wüsste gern,
wozu wir diese strecke wählten,
warum die schritte doch nicht zählten.
und wieso nichts blieb,
außer schmerzende füße.

und muskelkater.

HEBRÄISCHE SYMPHONIE

(2016)

für B.

FÜR EINEN KURZEN AUGENBLICK

Zwischen dicken Flocken
Und dunklen Wolken
Bist du plötzlich aufgetaucht:
Als Teil der Geschichte,
Die mir unbekannt schien.

Und auch wenn diese Reise
Nicht teleologisch weiterführt,
War der Moment so magisch…

Ich fühlte, alles passierte
In einem anderen Land.
Zu anderer Zeit.

Dabei geschah es direkt
Vor meiner Haustür,
Dass ich für Momente
In fremd-vertrauten Händen
Heimkehrte.

Vom ersten Augenblick,
Durch alle Sinne:
Ich konnte
Meine alte Heimat schmecken,
Und gesprochenen Lettern lauschen,
Die ich so sehr vermisst.
Dein schöner Mund
In meinem Nacken!

Für wenige Stunden
War ich ganz dein;
Ausgelöst aus Moabit,
Im Land der Väter.

Ich habe kein Getreide gelesen,
Sondern nur in deinen Augen.
Und mich dann zu dir gelegt
Und die Magie
Deiner Kraft gespürt.

Wohin du gingst,
Dahin ging auch ich.
Für einen kurzen Augenblick.

Dann bin ich aufgewacht,
Und alles war wie immer.
Aber unser Traum bleibt,
Egal, ob ich dich wiedersehen werde…

Und ein Granatapfelbaum blüht.
Mitten im Winter.

NACHGESCHMACK

Einmal hab ich dich getroffen.
Nur für wenige Stunden,
Bin dann einfach heimgegangen.
Und hab mein Leben weitergelebt.
Als wäre nichts gewesen. Fast.

Denn obwohl alles seltsam klar
Wie immer ist,
Bleibt etwas zurück.
Seit Wochen.
Wie der Geschmack
Eines guten Whiskeys.
Jeden Tag ein bisschen mehr
Mit Wasser aus Alltag verdünnt.

Deine Stimme in meinem Ohr.
Dein Blick auf meine Lippen.
Dein Mund in meinem Nacken.
Deine Hand auf meinem Rücken.
Und überall.
Dein Duft.

Und doch scheine ich alles
Vergessen zu haben,
Aus diesem Traum,
Der bisher nicht wiederkam.

Und ich modelliere eifrig
An meiner Erinnerung,
Um sie nicht entwischen zu lassen.
Vielleicht ist sie inzwischen
Sehr verschieden
Zu den wirklichen Stunden.
Nur noch Whiskeyaroma.

Ich streichle zart dein Denkmal
In meinem Kopf,
Mal es bunt
Und aus.
Immer wieder.
Du.
Und dein Duft.
Und deine Worte.
Und dein Kuss.

Einmal hab ich dich getroffen.
Und immer wieder
An dieses *Einmal* gedacht.

DEIN BILD

Mit dünnen Linien
Hast du festgehalten,
Was zwischen uns passiert war.
So wie ich es immer mache,
Nur ohne Buchstaben.

Und du hast es bunt gemalt,
Obwohl ich befürchtet hatte,
Dass meine Erinnerung aus Farben
Für dich nur Graustufen blieben.

Arbeite weiter an diesem Bild!
Schraffier jede
Noch so kleine Kontur…

Und bau uns den Raum,
In dem unsere Fantasie wachsen
Und Magie weiter verzaubern kann.

Ich bin bereits versunken,
In jeden Pinselstrich.
Und völlig betrunken
Von deinem Lächeln.

Ich sehne mich
Nach dem nächsten Moment.
Wenn deine Hände
Den Pinsel kurz beiseite legen,
Um mich sanft zu berühren.

Und ich falle schwerelos
In deine Arme
Und aus dieser Welt heraus.

VERWÄSSERT

pinsel gleitet
über poröses papier,
tusche mit zu viel wasser
verblasst.

ein bild,
morgen vertrocknete
konturen
und nur wasserflecken
in den tiefen [der]
strukturen
meiner erinnerung.

ich kann dich
nur noch
erahnen,
zu tief hab ich
dich absorbiert.

der pinsel ist noch
unausgewaschen.
ich auch.

vielleicht mal
ich uns wieder.
ohne wasser.
nur schwarz
e farbe,
tropfend von deinen
lippen.
in meinen verstand

WARTEN AUF SEDER

ungesäuert liegt
dein leib
a u s g e b r e i t e t
vor mir.
schnell genug hab ich dich erhitzt.
(du hast noch nicht einmal geschwitzt!)
trocken nahmst du ihn hin,
meinen süßen wahn
mit sinn.

ziegelrot sind deine
lippen. sie riechen
nach äpfeln und nach nüssen
(ich will sie küssen!),
sie schmecken meine bitterkeit
(inmitten meiner vergangenheit)
und meine haut ist so salzig,
wie deine
tränen von gestern.
(mein petersiliengrünes kleid
hat schon weiße ränder…).

da liegen wir auf
unserem präsentierteller.
einander zu
gewandt.
(atmen immer schneller…)
und trauen uns nicht zu beginnen.
(ich kann mich nicht besinnen).

warten
auf sonnenuntergang.
und dann?

in meinem kopf so:
ich werde kerzen anzünden,
du wirst schweigen brechen.
und mit dem ersten
wein
werden wir eins sein und
unsere ängste vergessen.
(vielleicht bin ich besessen?)

… apfellippen auf
salzhaut in
bitterkeit,
zwischen ungesäuerten leibern.

und keiner von uns weiß,
wie man segen spricht…

EINE NACHT DIASPORA

haskala schöner stunden...
akkulturier, assimilier mich!
exegese deines atems.

dein bett ist galut, die sprache deines körpers habe ich gelernt.

und in deinen
armen dein amen
gesprochen. un
gebrochen.
deine augen
gelesen, ver
standen. ge
standen.

bis die buchstaben deiner
iris verschwommen, wie mein
wunsch nach zion.

heim, kehr heim!
doch wo ist heimat?
exil ist überall...

im trauma meines langsamen
v rschw nd ns löse ich
mich aus dir [her
aus].
ich konvertiere nicht.
für dich.

den duft aus deinem bett habe ich
mit heim genommen.
denn galut vergessen ist noch schmerzhafter,
als selbst niemals heimzukehren.

FLIEDERDIONYSIEN

(2016–2017)

für K.

FRAGMENT

(2016)

die ersten zeilen himmlisch
im vorspiel, der chor sang
geschichten, berichtete
von großen ideen, öffnete
träume und räume
für wünsche, spannung,
begehren. entzückt konnte
sich keiner verwehren,
einfach weiter zu schreiben.
performativ einzugreifen
in den moment der auf
führung.

doch dann, plötzlich, eine
frühe zäsur ohne
fortgang, enjambement ins
nirgendwo, die bühne brach
in sich zusammen, dunkel
und stumm.

kein akt und keine hand
lung, keine katharsis, nur
fragen, wie das holz splittern,
die bühne kippen konnte. ge
brochene erwartungen, pro
log ohne plot, gefühl ohne
fundament, so blieben wir
fragment…

die frage drängt: ist ein
drama ohne pointe
die pointe selbst?

KUNSTSTÜCK

(2016)

Atme mich tief ein
Und nicht aus.

Hör mir zu
Und nicht auf.

Lass mich klingen
Und nicht gehen.

Schreib mich auf
Und nicht ab.

STRATEGIE

(2016)

Es klopft und pocht an Augenlider.
Streckt uns nieder.
Wo sind Du und Ich in diesem
Es
Geblieben, als wir verlernten,
Innig warm zu lieben?
Hat Es uns schon um den
Verstand gebracht, uns gar verlacht?

Der Schmerz ist Schnee von gestern,
In dieser kalten Trance
In der wir uns nicht spüren,
Weil wir uns einfach nicht berühren…

Wenn du mich siehst
Und nicht nur fliehst,
Wenn du mich hörst
Und nicht nur Lippen liest,
Und du erkennst, dass
Meine Sehnsucht
Dir gehört,
Dann küss mich
Bis du wieder fühlst
Und auch in meinem Leben wühlst!

Lass uns das Weltenende
Zelebrieren,
Bevor wir rastlos kalt an
Seiner Schwelle
Weiter nur erfrieren...

MANTRA AUS SEHNSUCHT

(2016)

gedanken kreisen. verlangen
verkrampft,
laut:

rote lippen küssen. sich
vergraben in körperdüfte. unter
bettdecken. ungelüftet.
festgehalten werden. um nicht
vom rand der welt zu stürzen.
nähe!
auf mitte geschissen...
worte, die ein
sanftes lächeln formen.
ohne heiligkeit. in
erleichterten augen. geborgenheit.
eine hand, die tränen auf und
sonnenstrahlen ein
fängt.
eine schulter, stützend. wärmend
es verständnis. augenhöhe...

ein mantra aus sehnsucht.

brich
mich auf. verschluck dich
nicht daran. flüster mir
ein neues und bleib hängen
mit deinem mund in meinem nacken...
generieren, rezitieren wir
mit körpern neue worte.
fuck off yoga...

ein mantra aus liebe.

TAGTRAUM I

(2016)

die sonne schließt
meine augen
weg, die stille
macht mit,
weiß nicht wohin…

ein zug rast in sie hinein
und die nacht wird sie nicht
finden. wenn die linden
nicht mehr blühen. bemühen
sich die letzten vögel zum gesang,
doch kirchenglocken übertönen sie.

nichts aber ist lauter
als mein herz
und nichts kann ich sehen.

nur dein gesicht bäumt sich auf
zwischen licht und traum.
auf meinen lippen türmt sich
schweigend
sehnsucht.

und der wind weht mich
davon und zurück kehre ich
zerzaust in die arme
der provinz. befrei mich…

schließ meine augen wieder, liebster
sonnenschein!

meine gedanken sitzen
in der nächsten bahn
und sie fahren zu dir.

SPRACHRAUMBLUES

(2017)

viele stumme kilometer und alte
grenzen; alltage, die nicht
zusammen
kommen. arbeit, die
müde macht. und
sehnsucht, die das
alles ignoriert.

im wartezimmer
unserer kommunikation
sitze ich
virtuell auf heißen kohlen.
verlangen frisst
sich in die leerstellen
des schweigens.

ab und zu du
neben mir, gefühlt.
für sekunden verschwinden
kilometer, grenzen, alltag, arbeit.
nur die sehnsucht bleibt…

wenn worte sich verbinden,
im transit der hoffnung.
wo ferne nähe strickt
und ich an deinen lippen hänge….

doch wenn auch unsere sprache sich berührt,
küssen kann ich dich
dennoch nicht.

JEDES JAHR JANUAR

(2017)

Jedes Jahr,
Im Januar:
Auf Liebe warten
Auf warme Stunden,
Auf Berührung.
Die Kälte einfach wegstreicheln...

Jedes Jahr,
Im Januar:
Sehne ich mich
Nach Tulpen und Wärme.

Dieses Jahr,
Im Januar,
Auch nach dir.

TAGTRAUM II

(2017)

verschwunden
im tagtraum, wo
die grenzen überwunden
wurden, die stunden
fern von raum eine eigene
zeit bilden. in gefilden
deiner liebe, der struktur
deines atems, der fraktur
deiner gedanken,
ohne schranken,
ohne kilometerzähler.

ohne distanz.

zart liegst du
mir gegenüber, siehst
mich an mit
diesem sanften blick.
decke drüber,
konserviert,
der moment, den es
abseits
meiner fantasie,
nicht gibt –
ach, was bin ich dort verliebt…

ich wünsche, dass mich
keiner aufweckt,
keiner meine träume aufdeckt.
außer dir.
mit einem kuss.

KEIN LALALAND

(2017)

Kein schnelles Treiben mehr,
Mit aufgezogenen Darstellern,
In bunten Hüllen,
Ohne Tiefe.

Nur Schweben,
In neuen Kulissen.

Ich tanze noch immer.
Die Schritte:
Kleiner, zierlicher, bedachter.
Nicht aber ohne Liebe.

Keine Musicals mehr!
Nur noch Poesie
Der Langsamkeit,
Die durch dicke
Oberflächen zart hindurch
Kriecht.

Sei mir ein Gedicht.
Das sich nicht schnell erfassen,
Nur mit der Exegese jedes
Wortes tief
Empfinden lässt.
Und dann bleib!

Ich will dich auswendig lernen
Und dabei jeden Tag
Eine neue Betonung
Auf meinen Lippen spüren…

STÜRZEN MIT WEILE

(2017)

wie ein welpe grub ich
löcher. überall, auf der
suche nach ein klein wenig tiefe
und warf mich
in sie hinein, meinen
duft mit anderen zu übertönen, um
der berührung willen…

doch gestreichelt wurde immer nur
auf raten: auf,
dass wir nicht in bindungen geraten! und nur
bequem nach kurzem schnuppern
(nackt, schnell, in dunkelheit)
wieder weiter schlürfen,
weil wir denken, dass wir
nichts (aus
lassen) dürfen…

bullshit!
komm näher und bring zeit mit,
und in die stürzen wir uns
hinein….

SANFTE EUPHORIE DES /VER/TRAUENS

(2017)

erwartung wartet auf erwachen, wach
sind die gedanken auch
um kontrolle. meine rolle
dabei ist nicht klar. nur der drang zu vergessen des
du musst doch was essen. … kein hunger
nur nach leben und lieben, nach vertrauen. zugetraut
wird einem wenig und getraut
hab ich mich
schon lang nicht mehr, die ängste die sich
aufbauen, umzuhauen und einfach zu sprechen. nicht
mehr unsichtbar sein wollen…
doch die tarnkappe sitzt fest, kann den bann nicht brechen…

und doch: wage ich, traue mich, /ver/traue,
(ist das präfix in /ver/trauen so gemeint, wie in /ver/laufen?)

stehe nackt zwischen worten meiner psyche. ich schicke dir
die zeilen und möchte verweilen in dem moment,
in dem du sie noch nicht gelesen hast…

aus furcht, sie könnten eine last für dich sein. meine hast,
dir näher zu kommen, hat mich
erklommen und erwartungen vertrauen mir
nicht, stehen mir im gesicht, obwohl ich schwor, nicht zu
fordern, ordern sie verzweiflung an und warten
auf dein vertrauen, um zu bauen. ein bisschen
zweisamkeit. zum geleit…

ein wenig selbstwert und vielleicht dann irgendwann
ein paar küsse auf meine
schläfe, die in geborgenheit baden.
… ängste entladen und ruhig sein…
für einen moment. in der
stille der sanften euphorie.

VERWESENDE DELIKATESSE

(2017)

Ich hab dir meine Psyche serviert,
Nackt und unpaniert.
Doch du rührst sie nicht an…

Hast du Angst, dass du dir
Den Magen verdirbst?
Oder bist du zu satt
Von mir?

Da liegt sie auf dem Teller.
Du hast dich an einen anderen
Tisch gesetzt.
Und bemerkst nicht die Fliegen,
Die sich derweil auf sie stürzen.

Langsam vergammelt das rohe Ding
Und setzt Schimmel an.

DIE MÜNZE

(2017)

Als ich prüfen wollte,
Ob die Münze echt sei,
Biss ich mir meine Zähne aus
Und auch die Münze
Fiel entzwei.

Mit der Zahnlosigkeit allein
Hätte ich leben können,
Mit der falschen Kostbarkeit
Kann ich es nicht.

Ich werde Splitter aufbewahren.
Als Denkmal dafür,
Dass hart und echt
Nicht selbstverständlich
Zusammengehören…

DIONYSIA I

(2017)

abseits von athen:
aufgebaute illusion,
bühnentechnik der projektion
meiner träume,
leidenschaftlich im
wahn
sinn.

mit breiten schultern und
großem gefolge,
kostüme aus freiheit und angst.
reben wachsen und
wörter
verbinden unsere bühnen,
wuchern in mich hinein.
immunsystem: schwach.

abseits von überall:
bauten wir
sprachräume.
dionysien der sehnsucht.
in mancher stunde
hoffnung auf
metaphysischen trost.

bis der lärm des spiels und der lust
nur noch schweigen war.

DIONYSIA II

(2017)

dein gewand täuschend
echt. gefolge treu.
lachen und liebe und
leidenschaft. maske

optionen zu tanzen
wolltest du offen
lassen. in hüllen
verstecken, dass du müde warst.

eine frau musste deine
botschaft sprechen. dein
schweigen brechen. ich
geh wieder tanzen und werfe
mich in meinen eigenen
rausch.

DIONYSIA III

(2017)

immer um dich,
doch nicht dein:
das mänadenlächeln,
das kein lachen ist,
trauriger dionysos
mit freude erfüllt und mit
schlagendem herz.
in die ferne.

hier bist du nicht. nur deine
oberfläche verweilt
bei mir in
freundschaft
und schweigt darüber.

aber die muse singt,
über blühende lippen,
verkündet
katharsismomente.

performence ende.
im theater der ungewissheit.

DIONYSIA IV

(2017)

dein langes schweigen,
nicht aus trauer
erwachsen. aus angst.

dein mysterium aufrecht
erhalten. wofür auch
immer. stottern und poltern
in leugnung und
freundlichen augen.
ohne leidenschaft.

in kurzem atemzug
gebrochen, gestolpert
über fremde lippen.

von dir
aufzufangen
versucht. zeit läuft
durch deine hände, nicht
rückwärts.

und was hatte ich
darauf gewartet! jetzt
verblüht
ganz zart der rote
winterflieder. macht
platz für frühling.

NEUANFANG

(2017)

Wie tief gefallen bin ich,
Abermals, im Winter, aus
Meinem süßen Tagtraum,
Hinein in kalte Straßen und
Dunkelgraue Phasen.
Ohne Halt.

Und wieder hungrig unter Daunen
Versteckt, mich nicht gestreckt;
kann leises Raunen, kein zarter Grund
Zum Staunen, nur Staub.
Kein Laub von gestern, nur frisches
Eis und alles weiß, nicht aber
Unbeschrieben. Ich
Hätte deine Geschichte gern
Umgeschrieben, mir zu
Gewandt,
Dir dann zugesandt…
Doch Copyright lässt uns an
Einander vorbei
Laufen
Und uns ins Leere.

Den ersten Sonnenschein
Hab ich genutzt, Tagtraum
Entsorgt, meine Gedanken geputzt.

Und beschlossen,
Abermals:
Neu beginnen, mit der Sonne
Dem Winter entrinnen, ganz
Unabhängig von dir
Neue träume spinnen.

GEGEN JEDES GESETZ

(2017)

Ich sagte: Geh
Aus meinem Kopf!
Und du hast davor gestoßen
Und bist herausgepurzelt.
Das ging
Überraschend einfach...
Dachte ich und sah dem Flieder gammeln zu,
Tanzte auf dem Kompost meiner Gefühle. Und
Mir auf der Nase herum.
Das tat gut und war auch
Dumm.

Denn der scheiß Flieder
Setzte neue Blüten an,
Während die alten noch Verrotteten.
Gegen jedes Gesetz.

Und jedes Mal, wenn ich sie abreißen will,
Wachsen sie einfach neu.
Fliederhydra; Du
Machst mich machtlos.

Und erschöpft werfe ich mich irgendwann hin
Und dir zum Fraß vor.
Doch du lächelst und lässt mich am Leben,
Reißt mir nur jeden Tag erneut ein Stück Herz heraus.
Das immer wieder wächst. Ich
Prometheus of Love.

Kann nur warten auf
Odysseus oder Herakles
Oder wen auch immer...
Und bleibe derweil hängen am
Ausgestreckten Ast.

UNGERETTET

(2017)

Ich drehte mich um
Meinen Verstand,
Und verschwand
In den Wahnsinn.

Ein Wort von dir hätte gereicht,
Um in deinen Schoß zu fallen
Und mich befreit zu fühlen.

Rasend will ich schlafen, doch
Kann nur mit wachen Augen
Auf dich warten.
Und du kommst nicht.

LEERSTELLEN

(2015-2017)

LEERSTELLEN

(2015)

Lies mir vor,
Und streichel meine Schläfe,
Und sei bei mir:
In diesem Augenblick.

Und tu es,
Weil du willst
Und weil du fühlst.

Und nicht,
Weil ich die einzige bin,
Deren Herz dir
Gerade zuhört.

INFEKTION

(2016)

Ich bin infiziert.
Von Faszination.
Ständig.

Und wenn ich fasziniert bin,
Verliebe ich mich
Viel zu schnell.

Und dann bin ich infiziert
Von Liebe.
Und wenn ich verliebt bin,
Bin ich ein Idiot.
Meistens.
Und dann bin ich infiziert
Von Stumpfsinn.

Und am Ende bin ich infiziert
Von Faszination, Liebe und Stumpfsinn.

Und von dir.

DISPO OF LOVE

(2017)

gebrochene
versprechen
stechen hervor,
brechen das brot;
du gabst es mir nie.
kein verbot.
nur im traum
aus poesie
begann ich eine
liebe zu
verzechen,
die
ich mir niemals
leisten konnte.

BAUSTELLEN

(2015)

Da ist eine Baustelle
Vor meiner Tür,
Und in der Nachbarstraße,
Und der ganzen Stadt.

Wenn eine fertig ist,
Beginnt die nächste.
Straßenbahnen fahren einspurig,
Busse auf Umwegen.

Mir ist das egal.
Ich habe mich daran gewöhnt,
Immer dreckige Schuhe zu haben.
Und an indirekte Wege.

Vielleicht sind Baustellen
Eine schöne Verzierung:

Die uns vor dem tristen Weg bewahrt,
Den wir in Perfektion zu gehen wünschen,
Den wir aber
Schon nach wenigen Metern
Verachten würden.

BEDRÜCKT

(2017)

vom tag erdrückt,
der welt entrückt,
den schlag gespürt,
in der magengegend.
ins zelt aus laken gekrochen,
mich selbst gerochen,
fast erstickt.

stimmen vernommen
und stumm genickt,
mich an worten erbrochen,
kein entkommen
aus diesem kreislauf
aus gedanken.
hohle spiralen
meiner unsichtbarkeit.

qualen
machen kein genie,
es bleibt einzig die
melancholie.

KATAPULT

Ich werfe mit Liebe.
In alle Richtungen.
Blind.
Und weiß nie,
Ob ich treffen kann.

Auch dann ist nicht klar,
Ob ein Fetzen davon
Zurück kommt.
Liebe ist kein Bumerang.

Ich möchte lernen,
Nicht zu fordern,
Nur am Geben zu erblühen,
Ohne mich dabei auszubeuten.

Ich werfe mit Liebe.
Vielleicht kommt irgendwann
Ein Herz zurück.

Aber ich höre nicht auf
Zu tanzen
In der Zwischenzeit.
Und jeden Fetzen
Leidenschaft zu spüren.

Bleib doch noch ein wenig,
Wenn du magst
Und lass mich still vergessen,
Dass du gerade nicht werfen kannst.

BLÜTENSTAUB

(2017)

Fast so oft aus Tagträumen
Erwacht,
Wie aus tiefen Schläfen;
Eine Weile gebraucht,
Um in die Realität zurück
Zu finden, die Projektionen
Abzuwaschen,
Und wieder weiterzulaufen.

Träume relativiert,
Tag für Tag,
Verdrängt in jeder Nacht.
Bis das nächste Erwachen kommt.
Und ich mich für die neuen
Träume frisch mache,
In denen ein Du
Nicht mehr vorkommt.

Nur die Düfte bleiben haften,
Im Potpourri aus
Vanille, Grenadine, Lavendel, Flieder…

Ein ewiges Beenden
In Gedanken.
Das Blütenstaub hinterlässt.

EIN SCHÖNES BUCH

(2015)

Dein Umschlag glitzert
Und macht mich glauben,
Dass ich dich lesen muss.

Mein Bauch sagt ja,
Meine Hände greifen,
Mein Herz bezahlt.

Ich wünschte,
Ich hätte dich an anderm Ort
Zu anderer Zeit entdeckt.

Dann hätte ich mich vielleicht
Auf deine Geschichte
Einlassen können.

Statt gierig, Seite für Seite,
Deine Worte
Ohne Geduld zu verschlingen.

Ich habe dich nicht gelesen,
Ich habe nur
Mein Leben in deine Zeilen gelegt.

Und war dann
Dreist genug,
Eine Verfilmung zu erwarten.

EIN SCHÖNES BUCH II

(2015)

Es ist Zeit vergangen
Seit ich dich
Das letzte Mal zu lesen versucht habe.

Jetzt ruhe ich in mir
Und bin bereit
Deine Worte wirklich zu verstehen.

Mein Leben zeigt sich wieder unabhängig
Und ich muss es nicht
In deine Leerstellen stopfen.

Ich will auch keine Verfilmung mehr.
Und du bestimmst
Mein Lesetempo.

Wahrscheinlich werde ich niemals
Bis zur letzten Seite kommen.
Aber das ist schön geworden.

Seit ich verstanden habe,
Dass es um deine Worte geht.
Und nicht um meinen Konsum.

BÜCHER OHNE SPRACHE

(2016)

kein wort
seit wir uns nicht mehr lesen
konnten
kein punkt und auch kein
komma

nur leere und das
wissen darum
dass du mich manchmal anblickst
und du dann weißt
dass ich weiß
dass du es tust

und wenn du die
augen abwendest
blinzel ich zurück

ICH IM ICH

Ich bin so leer,
Dass ich keine Worte
Mehr finde.
Für *Schwerelosigkeit.*

Ich schwebe im Raum.
Und man wird sagen:
Du lügst,
Du bist nicht schwerelos!

Vielleicht hat man Recht.
Aber vielleicht verwechselt man einfach
Kunst mit Wissenschaft,
Geschichte mit Geschichten.

Ich bin nicht schwerelos.
Ich ist nicht Ich.
Meine Ichs
Sind eigenständig.
Sie entstehen,
Wenn ich sie ins Leben schreibe.

Nicht in meines.
Nicht in eures.
Irgendwohin.

Macht damit,
Was ihr wollt!
Aber messt sie nicht an euren
Realitäten.

MITTEILUNGEN

(2017)

teile dich
mir
mit
mir
zusammen
dividier
uns
wieder
auseinander
aufeinander
bezug
nehmend
gebend
gemeinsam
verweilen
meilenweit
in unsere
abgründe
zwei schluchten
zusammen
ein schöneres tal
aus der qual
befreit
teile ich mich
dir
mit
dir
und verweile
ohne eile
in
dir.

BLOCKADE

(2017)
für Matze

springer auf desechs, zwei
bauern im schlepptau,
cefünf, efünf und dazwischen du,
kleiner weißer bauer,
eingebaut wie in mariánské lázně
neunzehnhundertsechsundfünfzig.

frei und doch gedeckt, sichtbar und versteckt,
unfähig zu bewegung und doch in erregung.

wir reden und reden uns
die köpfe rot, die stimmen fast tot, auf dich
ein, wollen dich befrein,
ermutigen, einen anderen
schritt zu gehen. du
ruhst dich aus in deinem
elend, kannst nichts sehen.
und resignierst.

das ist dir zu kompliziert:
lieber beginnst du eine neue partie und lässt das
alte brett ungelöst stehen.

in diesem spiel aber heute
bist du schwarz und weiß
in deinem eigenen grau.

sporn das weiße pferdchen an, sprich und brich dein
schweigen! wer gegen sich selbst spielt, kann nur verlieren
und wird dabei gewinnen.

der schwarze springer auf dem blockadefeld
ist ein teil von dir.

NUR NIESEL

(2017)

niesel nistet in den poren meiner haut, laut
mein atem und der staub legt sich darauf.
ein warmer fön kommt hinterher, leis und schwer,
kriecht unter mein kleid, bereit,
das bisschen feucht
zu trocknen, das die wolken jetzt versprühen. kein frieren, kein
glühen mehr… nur leere
auf offener straße im abendlicht.

ich hatte mit einem gewitter gerechnet, mit strömendem
regen, wegen der hitzigen gefechte: druck
zwischen uns und keine sekunde frei
von erwartung. mein hoch, dein tief.
und ich lief
davon.

der asphalt dampft sanft, wolken verschwinden schon, die
sonne geht heut langsam unter, der tag bleibt vorerst
hier, verhüllt, taumelnd, jede regung in mir.
der schauer blieb aus, nach haus
kann ich nicht.

warten
auf die nacht, die mich berauscht, geduldig
neuen lippen lauscht und auf den frischen wind, der
mit meinen haaren tanzt, wie sonst nur du es kannst.

warten
auf die erschöpfung, die mich in die arme nimmt und darauf,
dass irgendwann von allen dächern eilig regen auf
das pflaster rinnt, ohne
pause, um dann geschwind zu verschwinden.

im abwasser dieser stadt.

RUINEN

(2017)

wenn du so leer
und kaputt da
stehst, ist es kein wunder,
wenn jedes lächeln
offene türen einrennt.

sprechen
aber
musst du erst wieder lernen,
wenn du solange
geschwiegen hast.

SCHREIBAKT

(2017)

ein heliges buch
ohne leser
bleibt immer
ketzerei.

mein traum ohne
protagonist
nur ein leeres stück papier,
geschöpft aus
sehnsucht.

beschreibe es
mit küssen
und füll die nächte
mit deiner berührung...

beschreibe mich
und dann
lass uns fallen.
in unsere
exegese.

SEI MIR EINE STADT

(2017)

sieh mich an,
mit deinen
ruinenfensteraugen.
und hüll mich ein,
wie himmel
wolkenkratzer.
wiege mich,
wie wind
die zarten gräser,
und füll mich
auf wie barkeeper
die gläser…

sei mir
die stadt,
in der ich leben will.
sei mir
ein dach,
mit all dem krach
des bahnhofs
und
der stille
unbefahrener
straßen...

SOMMERPAUSE

(2017)

auf warmen steinen
scheinen glassplitter auf,
uns egal –
wir setzen uns dennoch
drauf.
und schaffen es mit leichtigkeit
einander anzuschweigen:
nicht bös, nicht traurig,
eher ein schweigereigen.

und starren auf das stehende
gewässer; das laute lallen
können die punker besser.
algen fressen den steg, das
seerosenchaos,
so stumm wie das gefieder
ergrauter enten, vertraute leere.
ein rülpsen im rücken.

vor uns ein zartes sternenkleid,
die haut des mädchens schimmert
zu uns durch.
abendsonne macht aus plagwitz
ein jerusalem,
und gülden scheint der kran
neben der kirche.
es ist alles eitel.

am kanal entlang winden sich
ruinen, fabriken sind fast vollständig
verschwunden. der sommer hat den winter
überwunden. und keine träne fließt,
wohin auch immer.

die glocke schlägt zur neuen stund in
unsre stille. mein mund ist klebrig, und
stumm ist auch mein wille: jetzt
aufstehen und einfach weiter ziehen. nicht
immer ist es leicht: ins ungewisse fliehn.

so gern ich mich in heiße nächte werfe, an
anderen tagen,
so kann ich diese heute
vielleicht nicht ganz ertragen.

das letzte stündlein hat
noch nicht geschlagen, doch lass uns
wagen, heut mal nicht zu fragen, wohin
die reise geht.

nur zigarettendunst weiß, wohin
er will. und sonst bleibt ausnahmsweise
mal einfach alles
still.

VERSTECK MICH!

(2016)

zu viele sorgen
und nur ein
neuer morgen. mit
noch mehr
leid.
im sommerkleid.

und die kaputten
stunden haben
mich gefunden.

tarn mich mit zarten
küssen und anderen
genüssen!

in deinem heute mich verkriechen, an deinen
gedanken innig riechen.
in deinem jetzt mich verstecken,
dabei mein gestern
in gänze
bedecken.

und irgendwann auspacken,
dich und mich,
und nichts mehr
bereuen.

SPIELZEIT

(2017)

Plakatieren verboten,
Das darf nur das Theater,
An dieser Litfaßsäule.

Und leer ist sie,
Wie meine Träume:
Repräsentation des Nichts...
Und dennoch niemals
Ganz weiß geblieben.

Dein Gesicht,
Von Sonne verblasst,
Doch überall.
Obwohl die Spielzeit
Längst um ist.

VERKÖPFT

(2017)

die löcher,
die ich
in die luft
gestarrt habe,
haben sich einfach
von allein geschlossen.

materie
stärker
als
apathie.

deine berührung
hat mich
erschöpft,
voll und ganz
geköpft.
und dann ist der rest von dir
verkopft.

nun starrt meine sehnsucht
löcher
in mein herz,
die sich nicht schließen lassen.

materie
kann
manchmal auch
verlieren.

SOMMERVERDRÄNGUNG

(2017)

Dein Kleid hat den Himmel blau aufgefangen,
Dein Leid ist lau mit der Sonne gegangen.
Die Tränen hat der Regen weggeschwemmt,
Das Grün der Wiesen die Trauer verdrängt.

Und wie eine pinke Blüte auf dem Asphalt
Liegt grell im Sommer deine zarte Gestalt.
Und sonnt sich im Leben, bis die Flaute kommt:
Wirft sich in die nächste warme Nacht
Bis die Depression im September erwacht.

Im Sommer der Exzess,
Im Winter dann der Prozess.

UTOPIEVERLUST

(2017)

Die Tage haben sich in Stumpfsinn aufgelöst;
Der Sommer zieht vorbei – ohne zu blühen.
Die Litanei wird nicht mehr glühen,
Wenn sich die Leere bald entblößt.

Kein Ort, an den geflüchtet werden kann,
Wenn selbst die Nächte schweigen,
Sich komatös in Dunkelheit verneigen:
No break and no reason to run.

Kein Du, kein Ich – nur Sehnsucht ohne Raum,
Und keine Farben mehr, auch nicht im Traum:
Ein stummes Vakuum und keine Euphorie.

Ich werde wieder spüren müssen
Und frage mich: Kann ich noch küssen?
Denn ohne Erregung bleibt – nur die Apathie.

NORDSTRAND

(2017)

für C.

GIN TONIC

lippen getränkt in bitterkeit, deine
augen fluoreszierend,
ich hypnotisiert, *high
balls best outcome,*
in deinem arm, ganz
benommen. *oh boy,
your charme!*

wacholder, chinin,
koriander, reiben sich
aneinander;
destillier, filtrier
my passion oh, boy,
alles ist stumm und neu…

schmerz steht still, betäubend
dein kuss, den ich will, du
löst meine krämpfe, vergessen
die kämpfe, sporn meine
muskeln an! in der
leistengegend… berührt und
umgerührt, nun gemeinsam
bewegend, erregend deine stimme
in meinem ohr, *i will be poor
tomorrow, you make me crazy, so
dont be lazy now…*

leistung gesteigert und schlaf verweigert,
all night long a drink, komm
auf mein schiff und sink, geh
unter, ein paar stunden, nur
wenige runden im sturm, im gin
munter vergessen, wo ich bin; ach,
wo treiben wir hin…

ANGEHEUERT

Noch an Land, auf dem Steg;
Wirf den Anker aus:
Hände ineinander
Verkeilt; durch Druck
Wie Halbkugeln,
Schwere Leere in Leere. Nur
Unser Vakuum. Stumm schwillt
Stetig Sehnsucht.

Worte, die wir um uns spinnen wie
Seemannsgarn, das
Sich entzündet und die Lunte brennt lang, bevor
Sekunden explodieren, wie kleine
Wunderkerzen.

Berührung macht Schaudern, gar beim
Plaudern über Melancholie. Aus deinem Gesicht
Rutscht ein Lächeln, während deine
Augen in mich eindringen, mit meinem
Sanften Zögern ringen.

Im Schweigen geboren:
Ein Kuss, verloren gehe ich
Mit Genuss in deiner
Ozeanumarmung.
Und ertrinke nicht.

Halt mich fest, wenn Erdkrusten beben, dem
Meer gänzlich hingegeben. In den Wellen
Schäumt Begehren, kann sich
Nicht wehren. Gefangen im Tsunami dieser
Leidenschaft. Treiben
Wir davon. Einsame Matrosen
Aus schwerelosen Tagen.
Auf offener See.

Schick die Schwalben heim,
Nach Norden, wenn die
Sonne aufgeht. Und jeder wieder auf
Festem Boden steht. Seekrank
Bin ich noch, doch ich geh
Zurück, Westwärts. In mein altes
Leben. Umgeben noch von deinem Duft
Und der frischen Meeresluft.

Zieh weiter, Seemann, vergessen
Seist du nimmer. Nachts. Auch nicht
Bei Tageslicht.
Und niemals
Werd ich auf dich
Warten.

KOMPASS

Ich wollte niemals
Auf dich warten…
Doch nach ein paar Tagen
Stellte ich fest, dass
Mir die Orientierung
Abhanden gekommen war.

Auf deinem Wrack
Habe ich
Im Sturm
Meinen Kompass
Verloren.

Du hast inzwischen
Dein Schiff repariert und bist
Weitergezogen,
Nach Norden,
Weg
Von meinem Hafen.

Du kannst
Mich finden
Und ich dich
Nicht.

Schick mir eine Flaschenpost,
Wenn du wieder
Hier bist und bring mir
Meinen Kompass
Wieder!

HORROR VACUI

Ist es möglich, dass ich
Dich in meine Träume
– Wie kleine Skulpturen –
Haue, ohne dass ich mir
Meine Realität verbaue?
Dem Traum zuliebe nur,
Nicht deinetwegen…

Ist es möglich, dass ich
Dich vergesse, und all unsere Stunden, bis
Wir die Unbestimmtheit
Zwischen uns überwunden?
Meiner Gesundheit zuliebe nur,
Nicht deinetwegen.

Ist es möglich, dass ich
Dich und unsere Verbindung ganz
Nüchtern betrachte, als ein
Ich, dass lediglich
Die Nacht bei dir verbrachte?
Meine Sehnsucht zu bändigen nur,
Nicht deinetwegen.

Ist es nicht…
Dein Lächeln fließt durch meine Gedanken.
Dein Duft verwächst in mir, wie Rosenranken.
Deine Augen haben Furchen gestempelt, in mich.
Dein Schweiß glänzt auf mir noch, so sommerlich.

Tag und Nacht nur Du…
Ich hoffe und sehne und
Warte und kann erst Ruhe geben und
Glücklich weiterleben, wenn
Du mein Verlangen erhörst und
Endlich alles zerstörst.

Mein Horror Vacui hat dich
In meinen Traum gehangen,
Doch die wirkliche Hoffnung
Ist längst schon gegangen.

ANKER OHNE SCHIFF

Dein Anker steht noch, doch
Du bist längst verschwunden,
Nach ein paar Runden
Schiffbruch.
Ich hänge am gerissenen Seil,
An dem einst dein Wrack
Befestigt war – Fuck –
Und warte gar
Aufs Ertrinken. Allein nur
Werd ich sinken.

Ich möchte fliegen,
Wie die Schwalben,
Ganz weit weg von dir.
Doch enger wird die
Seemannsschlinge,
Und nicht in Sicht: die rettende,
Mich von dir befreiende
Klinge.

Sag *Nein*, ganz klar,
Und schneid mich ab,
Und schlag mir ins Gesicht!
Und wieg mich nicht,
Wenn du nichts willst,
Im sichren Sonnenlicht!

Ich bitte dich:
Lass mich doch los,
Halt mich nicht länger fest!
Dein Lächeln und dein warmes Wort
Geben mir noch den Rest.

LASS MICH ERTRINKEN

Kurz bevor dein
Meereskuss erlosch,
Trugst du mich auf Händen
An die Wasseroberfläche.
Ich konnte wieder atmen, aber
Spürte, dass
Wir im Wasser nicht überleben können.

Vielleicht
Müssen wir ein neues Schiff bauen,
Auf dem wir beide frei sein können:
Nicht ineinander verschlungen,
In Fluten, Wellen, Leidenschaft...
Sondern händereichend,
Glatt und stark,
Nebeneinander.

Ich hoffe, dass du aufhörst
Mich immer zu retten, wenn
Ich gegen unseren Seesturm kämpfe,
Und gegen die Sehnsucht nach
Deinen starken Armen.

Ich muss vielleicht den Kampf
Verlieren,
Um mit dir und
Ohne dich
Leben zu können.

TRIEBWERK

mein körper: offen, seit ich dich
getroffen habe. eine zugabe gabs
noch nicht, auch kein licht. leuchttürme
dunkeln. deine augen funkeln
in meine nächte und du bleibst
blind, siehst
du nicht die wunden,
die ich mir zufügte, als ich an deinem
panzer hängen blieb?

ich frage mich, ob jener jemals brechen
wird oder ich an ihm zerschellen werde, wie
dein schiff – damals – zwischen wellen,
an den klippen unserer leidenschaft...

noch immer bist du bezaubernd schön
für mich, dein neues schiff steht dir
gut; doch dein schweigen spricht
zu mir und vielleicht werde ich es
niemals betreten dürfen, weil du
angst hast, vor neuem schiffbruch.

ich nicht – und davor fürchtest du
dich noch mehr, während
du nicht siehst, wie ich langsam
in deinem triebwerk
zersplittere.

SEEKRANK AN LAND

als wir uns wiedersahen, an land,
war der sturm vorbei: vor uns nur die
zarte see und eine tasse kaffee. ich
nackt und ohne kompass; du suddenly
im kürass, warum auch immer, lass das
doch bitte sein und mach dich frei!

und ich riss löcher in die neue stille, so stark der wille:
schweigenfastenbrechen. wir
versuchten zu sprechen, als wäre er niemals dagewesen. der
sturm. ich will in deinen augen lesen…

beautiful sailor, you stole my mind. meine
sehnsucht nach dir wird mir zum feind. frisst
mich auf und lässt mich über meine eigenen
füße fallen; stotternd ein paar worte lallen.

die zerbrochenen segel haben wir
versteckt. vor uns selbst. angst, dass ein
jeder nur die eigenen wunden leckt. wir haben
unsere selbstsicherheit verloren, sie schwimmt
noch weit draußen, sinkt. auf den meeresgrund.
ein jeder von uns bleibt. ein ängstlicher vagabund…

während wir uns endlich unsere leben
erzählen, sich unsere blicke zart verfehlen, ich
am verlangen fast ersticke; hältst du mich auf
distanz und bleibst bedeckt. du lächelst. über meine
unsicherheit. ich wünsch mir nur noch, dass
mich dein kuss jetzt befreit.

doch du lässt mich glühen, pirat, und unwissend
zurück. am ende geh ich heim, ohne wind
im haar, ohne an bord gewesen zu sein.
dennoch seekrank. an land.

SCHLAMMPFÜTZE

Auf dem Weg zum Strand, durch
Den Wald: die
Schlammpfütze,
So tief wie Liebe,
So undurchschaubar.

Und ich
Trage die falschen Schuhe, um hinein
Zu hüpfen, hab keine Angst vor
Dreck, nur vor kalten Füßen und dem
Schnupfen danach.

Schenk mir ein Paar Gummistiefel
Und wirf mich hinein. Oder halt
Mich davon ab. Zu stolpern und hilflos
Neben anderen Fußstapfen
Im Nass zu liegen.

TRÜBSAL

Am Nordstrand
Glitzert das Wasser auch,
Wenn alles trüb erscheint.
Das weiße Segel im Taubenblau
Blitzt auf wie deine Augen
In meiner Erinnerung.

Im Sand vergammelt ein
Schiffswrack,
Holz so spröde
Wie meine Hände,
So abgenutzt,
Weil sie immerzu
Nach dir greifen und du mir
Wie raues Tau entgleitest.

WELLENBRECHER

Unser Schweigen
Zwischen uns
Wie Wellenbrecher
Im seichten Gewässer.
Jede Strömung, jede Richtung betäubt.

Ich möchte deine Küsse auf meinen Lippen
Spüren, wie den Sand unter meinen Füßen;
Und mich in dein Schweigen stürzen. Doch
Die Angst vor dem Schmerz lässt
Mich frierend zurück – dabei
Sind die Nächte so wundervoll lau!

Die erste Wunde nässt,
Das Wasser steht still und wird grau.

DUELL

ein gedicht gelesen
in deinen augen
über liebe
und eines
über abschied
von deinen lippen.

EIN LÄCHELN

Fast explodiert und endlich gewillt,
Dir meine Sehnsucht zu zeigen, noch
Ängstlich vor dem Ende, fall ich
Recht ungeschickt gegen
All deine schützenden Wände.

Der trübe Himmel und die schwüle Luft
Rauben uns den atme, wie wir
Hier sitzen, ist sie schon verpufft:
Die schöne Utopie.

Dein Gesicht, so fad und feucht
Wie Watt, in das wir sinken, doch
Ebbe meint immerhin auch,
Dass wir jetzt nicht ertrinken.

Die Sehnsucht in deinen Augen
Das Herz in meiner Lust.
Angst schlägt Liebe immer,
Verstehen werd ich das nimmer…

Zigarettendunst frisst die Sprachlosigkeit und
Erstmals seit Wochen
Sind wir nüchtern, ich
Noch immer schüchtern, aber mutig genug, dass
Ich dir endlich sage, dass ich die Unbestimmtheit
Zwischen uns
Schon längst nicht mehr ertrage.

Seit Wochen sitze ich hier, am Strand,
Blicke erwartungsvoll aufs Meer.
Und warte auf dich mit Begehren,
Dass du wieder kommst. An Land.

Jetzt sitzen wir hier. Und zerstören
Meine Träume. Ich
Atme durch: verletzt und doch befreit.
Noch nach dem Abschied kann ich
Deine Stimme hören.

Vielleicht kommst du abermals her,
Auf eine Tasse Tee, doch niemals wieder
Stechen wir zusammen, so intensiv, in See,
Das ist okay, Matrose, ich werde
Deine sanfte Haut vergessen und irgendwann
Bin ich auch nicht mehr
Auf deine Lippen versessen.

Und dann schauen wir zusammen aufs Meer
Und unser -wrack ist vergammelt.
Ganz leer
An Leidenschaft.

Es bleibt kein Anker, auch kein
Kompass zurück, doch lass
Mir als Mahnmal
Nur ein paar Narben, in bunten Farben.

Und ein Lächeln.

SAND IN DEN AUGEN

Am Nordstrand haben wir uns im Sturm getroffen
Und uns einfach treiben lassen.
Doch am nächsten Tag blieb nur mein Hoffen;
Hände, die ins Leere fassen...

Und wochenlang saß ich am Ufer, um auf dich zu warten,
Starrte Löcher in meine Erinnerung,
Schweigend und versunken
Im Blau: Zu viel Wasser geschluckt
Und ewig nicht ausgespuckt.

Ich erblickte dein Schiff und sprach mit den Wellen,
Sie schickten dich endlich zu mir.
Und im Nebel ganz nüchtern klärten wir
Die Zukunft zwischen mir und dir.

Und ein neuer Sturm
Peitschte mir ins Gesicht,
So trocken wie Wüstensand,
Hitze verbrannte uns.
Ich kann nicht leben an Land,
Sagtest du. Und wolltest mich nicht berühren:
Aus Angst, dich selbst zu verführen.

Ich atme Staub und geh endlich heim,
Gebe mir einen Ruck.
Und breche dort endlich den
Lärmenden Druck,
Als ich nach Süden blicke und an deinem
Zarten Atem in Zukunft nicht mehr ersticke.
Noch klebt mir dein Sand in den Augen.

Jetzt wart ich gespannt auf den Regen, denn:
Ich will mich so gern, ohne dich,
Endlich wieder bewegen.

GELÖST

Seemannsknoten
Lösten sich. Ich hörte auf:
Streichhölzer zu schnitzen.
Um unser Feuer zu entfachen.

Doch das Garn liegt noch hier,
Das wir gesponnen hatten,
Schatten des Geflechts fallen
In meinen Schoss.

Aus den Schwielen meiner Hände
Rinnt deine Angst
(Um deren Tarnung du bangst),
Entzündet sich,
Lässt Ekzeme zurück, reizendes
Jucken, Kribbeln
Im Bauch. Noch
Immer, wenn ich an dich denke: steife
Gelenke in den Gedanken, Schranken,
Die sich senken. Und doch kann ich
Meine Gefühle nicht von dir
Lenken...

Lass mir meine Trauer! Noch
Ein paar Tage.
Und die letzten Fäden Liebe, die ich
Bei mir trage, die sich um mich
Schlingen im Ringen mit mir selbst...

Bis ich mich wieder bewegen kann, ein
Frischer Wind mich erregen schafft, ein neuer
Mast die Segel rafft und bis
Mein Herz ruhig verweilt.

Wenn du lachst.

FRAKTUREN

(2017)

für C.

DIFFUSIONEN

dein nautisches bild wurde wild,
und es quoll aus dem rahmen des
verwaschenen traums, wie
nasses leinen aus aufgeweichtem holz,
diffundierte
in meinen alltag.

deine farben
vermischten sich im herbst
mit neuen tönen.
ein anderes kunstwerk.

ohne es zu bemerken, gewöhnte
ich mich an den schmerz
deiner augen, die mich täglich
in sich saugen, obwohl ich sie
so lang nicht sah und eigentlich
gar nichts geschah. sie sind
grenzenlos und immer da.

ABENDSONNE

Die letzten Sonnenstrahlen
Hinterlassen
Den Himmel
In rosa-blauer Watte,
Die letzte Ratte
Schleicht über Asphalt,
Eine Gestalt wird Silhouette,
Die Schwalbe dreht die letzte
Pirouette…

Nur stumpf
Zwischen dem ganzen Zauber
Sitz ich dumpf
Allein im Biergarten,
Konzentriert aufs Warten,
Und frage mich, ob
Du heute noch kommst.

Betrunken
Vom Denken
An dich.

HERBSTFRAKTUR

Deinem Abschied geschmeidig entglitten;
Gelernt, mit der Sehnsucht nach dir umzugehen,
Mich nicht mehr nach dir umzudrehen,
Nur nach vorn gesehen, nicht mehr gelitten.

Der Schmerz des Sommers saß unsichtbar fest,
Die Herbstschönheiten habe ich bestaunt.
Dann am Nordstrand gefallen, noch gut gelaunt,
Doch realisierte: in mir gärt von dir ein Rest…

Ich spüre ihn nicht immer, doch muss gestehen:
Ich kann mich nachts nicht zur Seite drehen,
Dein Gesicht sticht ins Herz wie gebrochene Rippen.

Kann nicht mehr tief atmen oder gar lachen,
Auch nicht aus unseren Träumen erwachen.
Der Schmerz beißt auf blutende Lippen.

HERBST AM STRAND

als die großen schritte gingen
kamen die kleinen, und
eroberten sich den strand
zurück. in der sonne
glitzern
die fäden; sand einwebend
zelte bauend, decken strickend
hüllen sie unseren sommer ein
und keine kamera kann sie
sehen. während sie sanft
meine offenen wunden
nähen. unschuldig schweigen.

als die großen schritte gingen
kamen die kleinen, um
geduldig meine erinnerung
aufzuräumen.

HERBSTBLATT

Nimm mir das
Blatt vom Mund,
Kalter Herbstwind;
Und lass mich
Noch einmal
Mit dem Sommer
Sprechen…

ROLOPLAN

als ich gerade wieder stand,
spürte ich deinen widerstand.
und der wind, dem ich
nicht widerstehen konnte,
warf mich in den sand,
so dass ich ewig nicht
wi(e)der()stehen
wollte, weil ich mich in
meinem elend sonnte,
und mich ganz lang
nicht wieder fand.
an deiner hand.

OKTOBERSONNENBRAND

gelbes blattwerk,
glatt und schon gährend,
matt schon morgen
und das blau des himmels
tief.
wie mein julikleid.
ein sommerrest.
neben kahlem geäst.

ich schüttelte dich,
schon vor monaten
warst du fahl. es
wurde qual.

ich noch leugnend,
wie der glitzernde sand
in meinem illussionengewand,
wie nadelbäume noch
grün im winter.
und keiner käme je dahinter,
wenn ich lache und mir weiter
hoffnungen mache,
dass du im oktober längst
im winterschlaf weiltest,
während in mir noch die
hitze glühte,
ich mich noch immer an
deinem duft verbrühte...

obwohl die sonne schon
die wahrheit kannte,
wusste ich nicht, dass ich
verbrannte.

WOLKENLOS

dieser tag will mir erscheinen
wie die hülle einer lüge.
der himmel, ganz ohne grau
und schwarz und sogar ohne
weiße wolken. monochrom.

glitzerstaubschön, wie
meine haut im letzten juli, wie
deine augen, die wieder
verschwanden. als ich
im blau versank, in dir
ertrank. seither
bin ich
krank.

LOVE LIKE POETRY

Dein Lächeln so sanft
Wie meine Stille;
Dein Atem,
Heilsam wie Kamille.

Deine Stimme spricht
Und mein Wille bricht;
Dein Duft so zart
Wie ein Liebesgedicht…

Das Morgenlicht sah ich
In deinen Armen liegend
Und dein Lachen blieb in
Meinem Herzen siegend.

LOSLASSEN

Ich sollte heimgehen,
Wenn der Wind auffrischt,
Doch ich kann diesen Ort nicht verlassen.

Ich sollte nicht baden,
Wenn der Sommer schon um ist,
Doch ich kann es einfach nicht lassen.

Ich sollte den Schwalben fliegen helfen
Und selbst auch weiterziehen.
Doch ein Gedanke an dich reicht aus,
Um vor der Wahrheit zu fliehen.

Wenn ich heute gehe,
Bleibt etwas von dir hier
Und dennoch sehne ich mich
Auch zu Hause nach dir.

Ich weiß weiterhin,
Was ich soll, ja ich muss.
Loslassen.
Nur dann wird bald
Dein Gesicht an meinen Stränden
Verblassen.

ZWEIGETEILT

Eine untergehende Sonne
Kann noch verbrennen,
Als würde man die Sterne
Des Vergessens nicht kennen.

Die amputierte Sehnsucht
Schmerzt phantom,
Vom Abschied weiß ich und doch
Geh ich nicht heim.
Noch immer ist mein Kopf
Nicht autonom,
In mir wächst fleißig weiter
Dein bittersüßer Keim.

Ich balanciere noch auf Wellenbrechern,
Du bist längst fort, auf festem Boden.
Deine Stimme hier, inzwischen blechern,
Verschwommene Episoden.

Ein Teil von mir ist geborgen,
Trägt schon Schal, schaut nach vorn,
Die Füße nackt, es macht mir Sorgen,
Wie sie noch zitternd Löcher
In den Nordstrand bohren.
Nach Hoffnung graben, obwohl
Sie wissen: Sie haben verloren.

WINDSPIELE

Anker auf meiner Bluse fliegen im Wind,
Hüllen den kaputten Körper in Segel.
Ins Blaue fuhr ich, ignorierte den Pegel,
Das glitzernde Wasser macht blind.

Dich ließ ich zurück, Matrose;
Allein stach ich diesmal in See.
Mein Brustkorb tat noch weh,
Die Rippen lagen lose.

Böen treiben dich wie flatternde Drachen,
In meine Nähe und ich höre dich lachen.
Deine Schnur steckt noch fest im Port.

Am Ufer dampft in den Tag die alte Fabrik,
Irgendwo reißt ein stürmischer Strick.
Und du fliegst für immer fort.

WOLKENKRATZER

in den spiegeln der
wolkenkratzer lacht dein schönes antlitz
in den himmel und ich
träume von deiner nähe,
so sehr, dass ich jede
sprachverwirrung
auf mich nehmen würde, um
lediglich der illusion von dir
näher zu sein, wissend
zugleich, dass nichts wahr und
alles wunsch ist.

SEEROSE

Verankert im Dreck,
Nachts versunken,
Niemals ertrunken,
Niemals ganz weg.

Gewachsen im Schlamm
Deines Schoßes,
Durch Hoffnung geschwommen,
Nicht weit gekommen,
Verdrängt vom Schatten
Deines Floßes.

Gestorben am
Kummer der Leidenschaft, doch
Zur Wiederkehr genügend Kraft,
Ein Nymphentanz von Erblühen und Vergehen,
Weiß nur nicht, wo wir gerade stehen...

GIPS

I

angerührt, um
löcher meiner sehnsucht
zu stopfen; die geschmeidige
masse: bewundert und geliebt.
und doch gewusst, dass
nichts bisher uns fest zusammen
hält. was uns ersehnte
fundamente gibt.

gewartet, bis
wir bereit waren: verarbeitet
zu werden. und schnell
versucht, uns zu reparieren.
dann: den zeitpunkt
verpasst, den schmalen
grat perfekter konsistenz. nicht
fähig mehr: zu reagieren.

verhärtet nun, das
material; das loch spricht
und bricht aus der wand.
größer gar, als je gewesen.
wir haben den moment
verloren, und keine chancen
mehr, was einmal leer war, kann
auch nicht genesen.

II

die hoffnung aber, bleibt bestehen; ich
kann dich noch im traume sehen... wir müssen
alte löcher nicht mit
einander kitten, nicht auf subtanzen bauen, an denen wir
gelitten...
da ist noch so viel weiße wand:
für dich und mich und unser band.

MOMENTAUFNAHME

Einen Moment
Deines Lebens hab ich
Fotografiert,
Ein paar Stunden deine Haut
Gespürt, den kurzen Weg
Dokumentiert;
Den wir zusammen gingen,
Der ewig schien für
Mich und doch so flüchtig.
Dein Foto legt sich über
Meine Zeit, sehnsüchtig.

Und Poster deines Lächelns
Hüllen mich ein, ließen
Mich verschwinden.

Für dich: ein Passbild.
Irgendwo hinterm
Regal. Du kannst
Es jetzt schon
Nicht mehr finden.

SANDUHR

deiner wunder zeit
lief wie sand
in meiner sehnsucht kleid
und ließ sich nieder,
gestickt wie zarte perlen
in die textur meiner haut.
meist stumm,
doch bei regen laut
rufend, nach deinem
letzten kuss.

FLUSS/VERLAUF/EN

am ufer, an der alten
steinbrücke,
aufs floß geworfen,
zwischen weiden und auen,
nakt in sole auf holz,
treibend in braunem
elend, ursuppe der
kindheit.

kalkhände geformt
aus muscheln, versteinert
in ruinen,
weitergetrieben, in deine
nähe, ohne
ankunft. kein fluss
kann hier münden. ich
bin auf dem weg in rundbögen
steckengeblieben. in
trieben und seitenarmen
verirrt, aufgeweicht,
noch blasser als zuvor,
kein versprochenes glück,
kein zurück, und nirgends
seerosen in sicht.

weiter geht es
nicht in dieser
welt, wir werden uns
erst wieder treffen,
wenn das mittelmeer
saale und elster zusammen
hält.

IM FEUCHT VERDURSTET

Der Tag stach ins Fleische,
Wie gärende Maische
Aus dicken Fässern
In Kellerwände eindringt
Und in klammen Steinen
Sauflieder singt.

Man könnte meinen,
Zeit könne Gestank
Verwässern und frische Luft
Das Klima verbessern.

Aber es bleibt feucht und
Kalt und stinkt und
Irgendwo blubberts im
Hintergrund. Dazwischen
Ich.
Nüchtern und
Mit trockenem Mund.

STURM ZU STILLE

ich sah
dich wieder
lachen und wollte dich
berühren. in meinem kopf
in deinen armen
liegend, in geborgenheit
wiegend, als der herbst
durch die straßen peitschte, die
hoffnung auf das letzte
stück sommer zerfleischte, es
jedenfalls versuchte, dabei
pfeifend fluchte.

ich möchte
morgen auf see, ohne
sturm, ohne fernweh;
nur eine kleine bootsfahrt auf
ruhigen gewässern, wenn die
wellen schweigen, will ich
dir meine wunden zeigen.

wir konnten
endlich wieder sprechen,
die stille brechen. neue
bilder bauen, lächelnd
ins blaue schauen, auf
ein ruhiges treiben. so
kann es bleiben.

NOVEMBERSONNENBLUMEN

ihre blüten starren nach unten, vereinzelt
im feld hab ich sie gefunden und mich gefragt,
wieso sie überhaupt noch stehen,
im novemberwind zerwehen...

sonne verschwindet, taucht
wieder auf und in diesem
wolkenkammerflimmern
finde ich etwas, dass uns verbindet.

fallt,
in den winterschlaf, ihr
narren, es ist zu kalt; es wird
zeit, dass ihr
fallt!

lauf! befahl ich mir, um dir zu entrinnen, doch
ich verschnauf zu oft, zu lange, um mich zu besinnen.

ich müsste wirklich gehen, um
zu vergessen, wie du
lachst und nicht zu fühlen, was du
dabei mit mir machst...

stärker sein als sonnen
blumen, muss aufhören
an dich zu denken. aufhören,
dir beachtung zu schenken,
mich immer wieder, mit
schmerzendem körper,
nach dir zu verrenken.

will keine blume mehr sein. ich will
nach vorne sehen, selbst
bin ich doch der sonnenschein.

BETÄUBT

der sturz in
deine stille
legte lahm
meinen leib
seither bleibt
mein torso
steif
um verlangen
schlagend
zwischen
frakturen
und schlafenden
muskelfasern.

du hast mich
betäubt. der
umschlag
meiner lust
löste sich im
schmerz
und tanzt
die hoffnung
auf abschied.

SCHWALBEN

Die Sonnenblumen sind längst schon verblüht,
Nur schwarz ist noch nach all der Zeit mein Kleid,
Und es blieb auch die rasende Geschwindigkeit,
Mit der meine Sehnsucht erwacht und dann glüht.

Dagegen waren die Matrosen längst verschwunden;
Sie kamen wieder, jetzt, nach zwanzig Jahren.
Im Sturme kämpfend, durch deine Augen gefahren,
Haben sie nichts davon überwunden.

Die Schwalben sind gebunden, am Anker fest;
Finden nicht zurück in ihrer Heimat Nest
Und frieren seither stets auf offener See.

Der Anker liegt schwarz und tief am Grund,
Keiner traut sich und tut die Nachricht kund:
Die Schwalben verenden am Heimweh.

EPILOG

SPLITTERBILD

splitterbild
der hoffnung, du musst mit
mir sprechen, mir deine
kanten zeigen, meinen
gefühlen ein ohr
schenken, sie dann ohr
feigen, mich besinnen.

und endlich gänzlich
in stücke brechen, mich
unter dir begraben; es
muss erst schmerz am
ganzen leib zerrinnen.

erst dann kann ich dir
entsagen; deine absenz
ertragen. dein
unbehagen
ist meine rettung.

REGISTER

ZUR AUTORIN

Saskia Thieme,
geboren 1987 in Naumburg/Saale;
lebt und liebt in Leipzig;
promoviert dort in der
Literaturwissenschaft zur deutsch-
jüdischen Exilliteratur; studierte in
Jena Geschichte, Pädagogik und
Germanistik und arbeitete dann
eine Zeit lang als Volontärin in
Haifa.

Sie schreibt primär Lyrik und kurze Prosa.
2016 hat sie ihren Roman *Avi, bist du wach?* veröffentlicht.

sas.thieme@gmail.com
https://granatapfelfernweh.wordpress.com/
https://www.facebook.com/saz.zue.7
Instagram: saz_zue

Saskia Thieme
Avi, bist du wach?
Roman

Taschenbuch: 228 Seiten
Verlag: Books on Demand;
Auflage: 2 (28. Oktober 2016)
Sprache: Deutsch
ISBN-10: 3741291749
ISBN-13: 978-3741291746